| 第6版 |

超強房地產
行銷術

陳世雷
吳家德 著

書泉出版社 印行

再版序

快樂學習成長‧喜悅智慧分享

失敗不是意外發生

成功也不是偶然出現

在房地產行業中看到的都是風塵僕僕四處打拚或是千里迢迢紅塵打滾的房地產人，無時無刻不生活在過度樂觀或悔恨疲累之中，開發的艱難、人際的複雜、快樂的難得、挫折的頻繁、自我的迷失、信心的缺乏，使得「早知道」這三個字，成了大多數人的口頭禪。每個人行銷工作上有很多問題，會以不同形態、方式重複出現，原因是疑惑一直埋在心裡，卻無處可以解惑。

生命中的每一件事情都有其緣由，失敗不是意外發生，成功也不是偶然出現。觀念是因，績效是果。要改變最後結局，必先改變內心想法；只要您願意，您就能掌握自己的想法。成功之樹要想枝葉繁茂，必先正本清源；只要透澈貫通行銷觀念，務實應對行銷做法，將會改變您一生的命運，使您收穫滿滿、名利雙收，並且充滿成長與喜悅。

生命需要感動體會

生活需要情境塑造

想要行銷得好一點，就必須要懂得多一點。這時候，我們就

需要一本能融合房地產「宏觀視野」、「實戰經驗」和「眞心分享」的超強房地產行銷術，「宏觀視野」能穿越時空背景，爲我們指引行銷的方向；「實戰經驗」立足現實狀況，爲我們點撥行銷的技巧與方法；「眞心分享」不藏私的指點行銷路上的陷阱與彎道，減少摸索和誤撞的過程。

《超強房地產行銷術》就是符合這種條件的一本能夠以全新視野審視身處的房地產市場，同時還能夠練就高明的手段和眼光。這樣，您就會多幾分知識與觀念，少幾許錯誤和迷惘。非常高興您正在看《超強房地產行銷術》這本由兩位具有超過三十年房地產實戰經驗的行銷達人，將畢生絕學傾囊相授的好書。在書中，我們將竭盡準備好一切，一起來期盼美好事情的發生！

分享擁有　擁有分享

捨得難得　難得捨得

本書分爲七大章節，首先從房地產行銷理論和實務中，提出關於房地產世界的醒世金言，然後根據這些字字珠璣的話語，結合親身經歷實戰案例，或者由他案實戰驗證的實例，以此印證在房地產行銷書籍中體現出來的實戰智慧。在活學活用中，則結合現實情況，將其行銷智慧的要義加以闡述，力圖探討一些可以用之於實踐的方法。

有句話說：「理不在煩，簡明爲眞；法不在多，一句就行。」如果讀者朋友能夠透過本書，有一行一動之所得，或打開一個觀念，或解開一個難題，或發現一個目標，或找到一條道路，對作者而言，就是無限欣慰、功德無量了。

房地產行銷絕非一本書能概括全面的領域，我們只能盡全力

把最經典的行銷概念和最正確的行銷做法傳達給每位讀者，本書的出版是很多人共同努力的結果，在此對他們的辛勤工作深表謝意！希望每位讀者都能吸收其中的精華和智慧，在房地產行銷路上昂首闊步，在混沌不明的房地產市場中指引一盞明燈，如閱讀後仍意猶未盡，可繼續參閱作者所寫之《房地產理論與實務》，讓您的房地產知識能更上一層樓，為幫助有志從事房地產之新進人員更快速學習與進步，作者於文化大學高雄進修推廣中心（高雄市議會正對面華國金融大樓 3 樓，TEL：(07)2510089）開闢房地產行銷及土地開發、購屋及信託、投資選擇等專業課程，頗受歡迎與好評，希望本書能成為每位讀者朋友真正的良師益友，也希望每位讀者能提供心得、提出諍言，讓本書能精益求精更趨完美！

作者

陳世雷

吳家德

謹識於高雄

2023 年 3 月 1 日

目錄

Appendix 附錄 249

Chapter 1

前言

行銷不只是賣東西的花俏伎倆，而是當你想準確地滿足需求時，一定要做的功課。而當你完成了這項工作，就不太需要銷售了。

——行銷，你的名字是科特勒

知識就是財富、競爭力！

在資訊爆炸的時代，成本和資金已經不再是企業的競爭優勢，企業的競爭優勢在於行銷企劃是否比別人獨具創意，現代企業「生產」已經不再是問題，如何「銷售」才是企業首要解決的難題。房地產成敗之關鍵因素，就是在企業生產的房地產產品出售到客戶的過程中，行銷策略擔負著將產品訊息成功且迅速地傳達到消費者手中的責任，讓消費者獲得最高滿意度。只要稍有疏失，便前功盡棄。所以，一位優秀的行銷專業人員應該是事前調查研究深入，市場區隔清楚，選定目標市場，商品定位明確，加上 4P、4C，最後引入 IMC 整合行銷。但大多數的業者和從業人員都相信經驗法則、老二哲學或鴕鳥精神，因而「嘗試成功是偶然，嘗到失敗是常態」，而且是經常「遙望天邊的彩霞而忘了腳邊的玫瑰」，殊不知「不會游泳換游泳池是沒用的」。

除了行銷基本手法外，仍要不斷創新突破，有更多的空間和彈性進行多樣化的行銷與包裝。近年市場景氣處在一定水平之上，當然也使業者願意嘗試更多不同的方式，來推銷自己的產品，因此近年我們看到，房市在銷售上不斷推陳出新，出現許多首見的行銷術，近幾年房市銷售上曾出現幾個比較具代表性、具有新型態的行銷手法，如異業結合、創意包裝、導入名人、置入行銷、品牌策略等，並嘗試從另類角度分析這些新手法，在消費層面上，到底具有怎樣的意義，也讓消費者在面對這些新招式時，具有一定的解讀及判別能力。

《孫子兵法》第一篇：〈始計篇〉孫子強調戰爭是國家大

事、最重要的問題，對於戰爭決策必須全面而認真衡量。因此提出了「五事」、「七計」。「兵者，國之大事，死生之地，存亡之道，不可不察也。故經之以五事，校之以計，而索其情：一曰道，二曰天，三曰地，四曰將，五曰法。又曰：主孰有道？將孰有能？天地孰得？法令孰行？兵眾孰強？士卒孰練？賞罰孰明？吾以此知勝負矣。」所以用兵之前，不僅要懂得「五事」，以評估自身優劣勢，還要根據由「五事」延伸出來的「七計」，進一步具體分析比較，作為戰爭決策的依據，「七計」以今日房地產行銷而言如下：

1. 誰家研展很「專」，企業很「利」，業務很「殺」，老闆頭殼很「硬」，心臟很「強」，CASE 很「夯」？

2. 誰家專案很專業、有創意、有主見、有膽識、懂兵法、領導統御強、很牛、品德高尚？

3. 誰家對個案的 S（優勢）、W（弱勢）、O（機會點）、T（威脅點）能掌握，更能創造賣點，懂得借力使力？

4. 誰家視「案場如戰場」？鐵的紀律，利用組織掌控，活化行動力，絕對服從達到業績目標，隨時留強汰弱，不可手軟。

5. 誰家的資金充足，廣告費編列正常，櫃檯陣容堅強，跑單業務訓練有素？

6. 誰家重視銷售講習，熟悉銷售流程，常演練角色扮演，訓練銷售話術？

7. 誰家懂得運用「重金禮聘高手」，設定銷售目標，業績掛帥，有賞也有罰，不適任者給予減薪或資遣。

比較了以上這七個因素，然後依據這些情況的分析比對，則不開戰之前就大概完全能夠判斷誰勝誰負了。

「主孰有道？將孰有能？天地孰得？法令孰行？兵眾孰強？士兵孰練？賞罰孰明？」（〈始計篇〉）

如果你對自己、對手、天時、地利有正確的觀察和預測，就知道誰的勝算高，也知道該如何提高自己的勝算。企業經營也是一樣，蒐集資訊、分析競爭情勢，事先計畫周全，才能擬定具有優勢的競爭策略。

最後，還是要說成功最快的標準就是：追隨成功者的腳步，學習成功之道，想成功就跟成功的人一起「快樂學習成長，喜悅智慧分享」。

中國人基於「有土斯有財」的觀念，喜歡買房地產保值，房子不只是遮風蔽雨，又可享受長期的增值效應，兼有自住與投資的雙向功能，這可說是居住使用價值，高於投資價值，與所謂專業的不動產投資概念大不相同。臺灣的不動產市場運作只能說是圍繞在蓋房子：建商向地主買地，向銀行貸款開發，然後販售房子給消費者。因此，在臺灣圍繞於不動產這個產業的專業知識，和土地開發、房屋仲介或土地行政相關，而與金融、財務、投資工具等較不相關，也就是這個產業有一些價值鏈（Value Link）。

建築業價值鏈貢獻主要的活動項目是：土地開發、土地購買、產品定位、建築設計、銷售廣告、工程營建、售後服務等一系列的價值活動，這些活動彼此連結，生產過程中的每個活動都可能是企業競爭優勢的來源。

土地購買　土地資訊　土地擁有　銀行融資　自有資金　產品定位　規劃設計　申請執照　銷售　發包施工　交屋　售後服務

流程	建設產業相關關鍵因素	流程	建設產業相關關鍵因素
土地評估	推案地點之交通條件	銷售	建設公司形象知名度
	推案地點之周邊生活設施		銷售策略研擬
	推案地點之區域環境		銷售廣告企劃研擬
	推案土地之購買成本	發包施工	明列各界面管理項目及檢查表
資金評估	融資政策的研擬		進行工程中協調作業
	建案成本計算		施工確保零汙染及零工安
產品規劃	產品定位		承包商之施工品質
	設計規劃之建材格局	售後服務	售後維修服務
	設計規劃之公共設施		輔助社區成立管理委員會
	設計規劃之物業管理		客訴處理機制的建立
	規劃時從顧客導向為出發點		公共設施管理

　　從建築業的價值鏈可看出與房地產相關的行業甚為寬廣，從上游土地開發開始，到興建交屋完成之物業管理為止，其所帶動的產業息息相關，難怪房地產被稱作火車頭工業，其市場的盛衰與否，對內需民生產業及國民就業有重大影響，政府也不得不加以管理，以免市場的人為操縱，妨礙了經濟發展。

　　然而不動產投資分析，應該是投資者或營建業者希望從投資的標的物中，定期得到類似銀行存款一般的利息，或是像股票投資的股利等收益。這個過程中，投資者需要評估其風險和報酬、

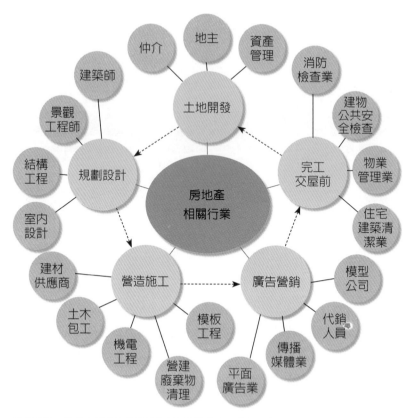

資料來源：整理自經濟部商業司公司行號營業項目登記碼表。

現代的財務分析工具、正確地估價、了解不動產與金融市場的關係等，所以作為一位投資者或是經營者，能對財務規劃及不動產估價分析進一步認識了解，在做財務槓桿運用時，就能運用風險管理，避免遭到資金周轉的困境。

但近幾年來，因銀行利率低、資金浮濫，市場投資客皆利用高貸款的方式，炒作房屋預售市場及成屋市場，用自備款兩成來賭未來的市場；亦即用 2 塊錢槓桿投資 10 塊錢的標的，期待二

年後會上漲，這其實是一種典型的期貨！期貨是高風險的投資方式，把身家財產重押在期貨上，只要「投資標的」來個大空頭，股市修正、景氣低迷，很有機會遇到負債比過高、手上現金周轉不靈的投資客，那肯定是場災難……。人們從銀行貸款購買房地產，然後用房地產作抵押再去購買房地產，造成了大量的重複抵押和貸款。當政府採取金融緊縮政策，進一步導致了泡沫的破滅。

2011 年以後，臺灣唯一最明顯有穩定利潤的產業就剩房地產業，於是市場熱錢通通集中到房地產，就算是 2011～2018年，臺幣利率調高了，也難以撼動房地產的漲勢，因為資金無處疏導，只剩房地產這條路，房地產持有成本低，可以穩定收租，又有房價升值的可能收益，於是在低報酬率的景氣環境中，房地產成為吸金熱門產業，目前全世界的資金，投資在不動產類資產的比重，真的太高了。

多數人透過理財賺了錢，以為是自己的努力，其實是因為大多頭的緣故；同樣的，當多頭結束，資產泡沫破滅，當初所賺到的錢，即變成一場空；如果不了解這個道理，過去三、四十年來，在不動產大多頭所賺到的錢，於不動產泡沫破滅之後，也將因自己變得傲慢，不相信大環境的改變而失去所有，並剩下負債。

打開《孫子兵法》，開宗明義第一句：「兵者，國之大事；死生之地，存亡之道，不可不察也。」依著句子解釋，「戰爭是國家重要大事，關係到人命生死、國家興衰存亡關鍵，不可以不認真研究、考察。」轉換到房市操作，也是一樣。很多人都有這個經驗，當投資套牢時：「當初就是不懂『房市之道』，才會摔

得這麼慘。」孫子說：「兵貴勝，不貴久。」時間就是金錢，投資同樣貴在神速，外在景氣變化太快，市場機遇轉瞬即逝，抓住機會，迅速採取行動至為重要，對應到股市、房市，講白了就是「賺錢才是唯一的王道」。但不管是房市還是股市，沒有見明其道理，在一知半解的情形下，貿然進入，即使沒有摔得半死，倖倖然離開者也大有人在，那為何要提到《孫子兵法》呢？

《孫子兵法》啟發的是戰略觀念，他將人性摸透，專攻人性弱點。「人性是永遠不變的，不是貪生怕死，就是貪財好色；而房市、股市，正由人所組成。」參透《孫子兵法》的奧妙之處，在房市、股市投資，也就不容易受傷。

實價登錄上線後，更有如房市照妖鏡般戳破房價只漲不跌的神話。過去的市場過度仰賴業者提供數據，民眾在資訊不透明的情況下，只能隨著業者的開價而噤聲接受，不過實價登錄全部透明化後，房價的主導權回到「供需市場」，區域行情好壞一目了然，房價要再炒高的機會不大。

疫情結束後，全世界政府都大印鈔票，造成全球的流動性泛濫。讓臺灣的經濟走向「K」型復甦，也就是部分產業（金融、科技、龍頭企業……）及高所得者將從復甦獲益，而一般中小企業、低收入者、傳產、航空、旅遊……反而會更加受創。未來「經濟成長伴隨貧富差距」的情形將難以避免，富者愈富，貧者愈貧。房價原本就伴隨著經濟成長緩步上升，但炒房卻改變了這種情勢，在炒作下，房價「快速而高幅度」的上漲，形成了已購房者對還來不及買房人的財富掠奪。對剛出社會的年輕人來說確實是相對的不公平，而政府的打炒房措施算是「剛好」而已。

整體而言，臺灣房市面對的現況與未來是：基本需求減少

（少子化加人口外流），經濟低成長、所得與薪資停滯，投資需求不再（稅制影響），但國內空屋仍有百萬戶之多，2022 年後房市要再造榮景、出現房價狂飆熱況的機會不大——除非有眾多資金回到臺灣且流入房市，才能再次炒高、炒熱房市。

　　2021 年國內的經濟成長動能非常穩健，再加上大量的臺商返臺投資，相關的營建成本，包括土地、建築工人工資以及原物料都呈現大幅揚升的情況，逐漸推動我國房地產市場價格，為抑制房地產價格的飆升，2021 年在政府的打炒房措施下，繼 2020 年 12 月祭出選擇性信用管制措施，央行 3 月及 9 月第二度及第三度調整後，12 月第四度出手調整選擇性信用管制再加碼控管措施，連同財政部出手加重囤房稅及立法院 2023 年 1 月 10 日三讀通過「平均地權條例」，採 5 招打炒房政策，重罰炒作行為，違者處罰 100 萬至 5,000 萬元、限制換約轉售、管制私法人購屋，出手之重也是史上未見，就是希望房市能逐漸回歸供需基本面，短線炒作投資客出場，改以強勁的自住買盤和長期持有的購屋族支撐房市，體質將更加健全，也使房價走勢更加理性。未來三年投資購屋應走穩健路線，不往高價區、炒作區、供給量大區及都會以外地區免遭套牢。就新制度的發展來看，正意味著：未來臺灣不動產將走向自用及換屋為主流的大市場。

　　也許有人會感嘆自己錯過了人生的大多頭，可是在未來的大市場中，不動產投資人或自用者，即使經過黃金十年不斷洗禮，只要一不留神，沒有嗅到改變氣息，都可能被打回原形。

　　因為，大環境不一樣、市場邏輯不一樣、產品走向不一樣、銷售方式不一樣。那麼多的不一樣，還用過去習慣的方式，怎麼能期待和過去有一樣的獲利結果？如何適度調整眼光與購屋習

慣，也是進場者所要面對的最大挑戰。

房地產以前稱爲「不動產」，簡而言之它較不容易被偷盜，也不容易換現流動，但現代抵押的流程比以前簡便得多，且銀行資金氾濫，利率又低約 2～3%，貸款成數高達 80% 以上，自備款只要 1 到 2 成就可買到房子，所以成家已不會太困難，不動產已算是「可動產」，但總價太高、坪數太大的產品，流動性相對還是偏低的，不能跟股票或基金相比。

這項投資工具和其他工具有何不同呢？我們將《財訊》、《今周刊》及各大師的觀點，整合如下：

1. 它是「地區性產品」，即固定位在某一處，不容易流竄於不同的國際市場，故較不易被外資熱錢進出炒作，即使炒作，因總金額高，且貸款金額因個人條件不同而有所差異，其成長倍數有上限，不像股票可能上漲好幾十倍的資本額。

2. 它是「異質性產品」，即所謂的非制式產品，世界上沒有完全相同的一棟房子，每個產品都有其獨特性（可能樓層不同，可能格局不同，可能方位不同，可能有需求無供給……），故價位無法被統一，不像消費性產品，可隨市場需求大量生產，或如股票或基金只是一張制式合約。

3. 兼具「投資與消費」功能，這個投資工具可以在持有期間出租獲利，其他如股票、期貨無法出租，珠寶、現金出租風險太高，基金投資不保證有正面獲利。

4. 這個投資工具的市場價值和課稅基礎（公告現值）差距大，可以節遺產稅與贈與稅，有避稅的空間，目前政府通過「實價登記」就是讓眞正的稅基接近市價，讓繳納稅賦更公平。

5. 這個投資工具有最低價值（供人住、租的價值），等於保值，有停損點，其他的商品有可能變成雞蛋、水餃等，一文不值，無價值的帳面。

6. 這個投資工具有「僵直性」特性，擴短縮長即上漲的時間較短且又急又快，下跌的時間較慢且跌很久，市場反應較慢，適合心臟不強的人，在漲價時反應慢一點的人半年內還追得上；在跌價時，反應慢一點的人三個月內還來得及出脫。

7. 這個投資工具門檻（第一桶金）比較高，價格皆以數百萬計價起算，持有人有一定的經濟基礎與理財概念和水準，較難買空賣空。

8. 這個投資工具跌的時候最多數個月跌個 2～3 成，漲的時候有可能是倍數，不像股市可以一夕跌破票面。

9. 這個投資工具可以傳世代，不會有人反對持有，但有些投資工具（如字畫、藝術品或古董等）也許在鑑賞門檻及出脫管道受限下，子孫不一定認同。

10. 投資房地產通常只需準備 20～30% 的資金，80% 皆向銀行貸款而來，且利率又在低檔 1.62～2.2% 之間，因此財務槓桿操作力矩大。

11. 因臺灣 70% 人口皆集中在大都市，所以人口愈多的地方愈熱鬧，房價、租金就愈高，使得城鄉差距愈來愈大。

12. 人口老化問題嚴重，國發局預估 2025 年臺灣老人占人口總數的 20%，老人住宅及設施等，將成為未來市場的主流，誰能做好投資準備，就能迎接未來老人市場的商機。

一般人認為：「有土斯有財」，人一生為自己買一個安身立

命的住家是應該的，有些人知道若有 1～2 棟收租的房子，老的時候比較可以不用靠子孫，若臺灣 1/3 的人都有這個觀念，那房地產即使短暫崩跌，也是會回春的。

選對地段就像印鈔機，每天等著收房租，不然等著高價賣，1978 年興建之敦化南路「一品大廈」每坪 6 萬元，2011 年 10 月法拍價每坪高達 130 萬元，三十三年來漲了 20.66 倍，報酬率打敗各種基金工具，真的是睡覺都賺錢。

投資的道路從來就不是條坦途，有的路段上滿布荊棘，有的則暗藏陷阱。但許多發著一夕致富的夢想者，往往太過於輕率，忘了穩健地踏出每一步，才是邁向最後成功的先決條件。

雖然南北房地產價格差異頗大，但只要不選錯地段或房產標的物，終有回春的一天，不會像有些投資工具如股票、基金、衍生性金融商品，都讓許多人蒙受巨損，從此大江東去不回頭，生命也喚不回。

相信有危自然有機，順勢而為，乘勢而上！像股神巴菲特所說：「別人恐懼的時間，正是我們貪婪與出擊的時間；別人貪婪的時間，便是我們要小心的時間。」所謂上帝要你滅亡，必先令你瘋狂，時刻保持警醒，專注於處理自身的問題，又有什麼好怕呢？

不動產與其他產業不同的特性，有以下幾點：

1. 區域性、個別性、長久性

不動產有其區域的色彩，而且每塊土地與每棟房屋都有其差異性，格局、方向、視野都會影響其價格，因此每間房屋都有其優缺點，所以適合「一物一定價」的策略，因使用期間高達五十年，可世代傳遞居住或收租賺取租金收益。

2. 資本大、回收慢、週轉率低

　　不動產每一個案，銷售金額皆達數億元以上，且房屋大樓工期皆達兩年以上，所以每筆投資資本回收期，含銷售期間皆達三年以上，週轉時間長，中間過程如遇重大事故如金融海嘯、政治變動，常會措手不及，來不及應變，也是風險所在。

3. 牽涉有關稅法最多的行業

　　土地稅法、所得稅法、特種貨物及勞務稅條例（簡稱奢侈稅）、遺產及贈與稅法、營業稅法、印花稅法、契稅條例、房屋稅條例等稅法。

4. 涉及相關法令最多的行業

- 國土計畫法
- 海岸管理法
- 土地法
- 國有財產法
- 平均地權條例
- 土地登記規則
- 區域計畫法
- 都市計畫法
- 非都市土地使用管制規則
- 土地徵收條例
- 都市更、危老新條例
- 建築法
- ……等

5. 涉及專業知識最多的行業

- 不動產經紀業管理條例

- 民法物權編
- 公寓大廈管理條例
- 不動產估價技術規則
- 消費者保護法
- 公平交易法
- 租賃法

……等

6. 影響相關產業最多的行業

- 規劃設計：建築師、結構師、景觀工程師、室內設計師
- 營造施工：模板工程、土木工程、機電工程、建材供應商
- 廣告行銷：代銷公司、仲介公司、媒體代理商、平面廣告、模型公司、招牌業、印刷業、網路行銷業
- 物業管理：保全業、物管公司、消防檢查業、清潔服務業
- 金融保險：銀行業、保險公司、信託公司、資產管理公司
- 土地買賣：地政士、估價師、經紀人

7. 變現最不易，耐久又安全的行業

不動產意指不動如山之意，其流動性不如股票、基金等可快速變現，所以有時因臨時急用時，反而會賣到不理想的價格，但投資房地產可收租及抵抗通貨膨脹，故比較受一般保守投資者的喜愛。

8. 從業人員普遍年輕，富衝勁與挑戰性

因不動產交易金額龐大，又可收取高額的佣金，進入門檻又低，且不動產市場變化起伏較大，若懂得投資，可隨景氣變動賺取資本利得，所以容易吸引願接受挑戰的年輕朋友進入此行業。

9. 大家都想要，卻控制在少數人與集團手中

近幾年來大臺北地區房價飆漲，市區土地供應愈來愈少，土地價格也不斷上漲，因購地金額龐大，動輒幾十億，非一般人所能，只有大財團或銀行有此能力，故人口都市化的結果，都市土地將來勢必集中在少數人或集團的手上。

10. 實價登錄，資訊全都露

內政部不動產交易實價登錄資訊提供查詢後，房市政策成效再度引發關注。然而實價登錄的美意在於縮小買賣價格認知差距，視物件的區段不同，過去開價嚇死人、成交笑死人的情況可望改善，回歸市場價格，降低業者喊價、哄抬房價的可能性。尤其實價登錄上線後，民眾的判別力、與業者議價的能力將更強壯，也不會再被業者當作烹煮的對象。實價登錄只是健全房市的開端，黃金地段的房價依舊保有支撐力，而供給量過大、開價浮誇的地區，價格才會快速修正，民眾應依個人需求適時進場，在公開資訊中尋求物件加以比價，才不至於打亂現有購屋計畫。「實價登錄卸下房市的價格面紗，去除人為操縱的障礙，成為穩定市場秩序的重要基石。」

由上可知，不動產牽涉的層面如此廣，稍有閃失，就容易造成購屋糾紛，甚至走上法院訴訟，政府乃於 1999 年 2 月 3 日制定公布「不動產經紀業管理條例」，將所謂的「中人」、「掮客」正名為「經紀人」，且建立國家考試制度，執行業務者必須通過國家考試，取得經紀人資格，並加入公會方得營業，對經紀人予以嚴格管理，讓買賣雙方都有法律保障，使這些傳統的房地產買賣介紹行業，終於進入劃時代的新紀元。

　　緣此，從業人員實均應以「不動產經紀業管理條例」之立法宗旨：「建立不動產交易秩序，保障交易者權益，促進不動產交易市場健全發展」自許。一般行銷人員想跨入此行業，假如沒有做足功課，不僅客戶無法信任，也不會有好的業績表現，目前國內各縣市都有成立不動產經紀人公（工）會，提供各種學習及考證照的機會，有興趣從事者，可循此途徑快速學習，早日達成自己的理想。

資料來源：房地產縱橫說。

Chapter 2
歷史會重演・觀念要改變

沒有什麼是比只靠直覺更危險的經營方式。
——日本知名管理顧問 本田直之

歷史一再重演，德國哲學家黑格爾卻有一句名言：「人類從歷史學到唯一的教訓，就是從來未曾學到教訓。」就如大自然循環，歷史有其循環，景氣有其循環，房屋市場當然也有多空循環，雖然房市緩步推升長期看漲，但房市低迷時期長於繁榮時期，加上大多數房地產業者認為游資充斥、奢侈稅成效不彰，且銀行利率仍低，對於房市影響不大，惟房地產業者應居安思危，小心「溫水煮青蛙」效應，空頭降臨時摧枯拉朽的力量，常致人傾家蕩產。

入門：見山是山，見水是水

初進入房地產行業時，感覺同事、主管皆充滿經驗與智慧，在學習過程中都抱著崇拜的心態，加上房地產這個行業大部分的經驗都靠前輩們傳承，類似「師徒制」的學習方法，所以新進人員在這個行業成長速度之快慢與公司資料庫的建立及主管經驗的累積有關，因初入此行業，一切都還很新鮮，師父說啥算啥，所以見山是山，見水是水。長輩也會時常提醒你「愛拚才會贏，會贏才要拚，拚對才會贏」。

基礎：見山不是山，見水不是水

經過了幾年的學習與現場作戰，終於慢慢體會，房地產有不同的各種案例，操作手法也大不相同，加上各家建商業主各有其市場利基，產品市場定位也不同，每個區域競爭個案眾多，如何行銷包裝才能脫穎而出，皆在考驗專案的實力，此時才體會學然

後知不足，一山比一山高，自己公司代銷推出的個案銷售不理想，到了別家代銷公司手裡卻順利出清，落差之大，卻難以體會，所以銷售觀念開始改變，見山不是山，見水不是水，「人外有人，天外有天」，有人終於覺悟開始找機會跳槽到大型代銷公司上班，一方面增加人脈，另一方面又可學習更多的銷售技巧與知識，對房地產才真正開始有了正確的學習方向。

進階：山窮水盡，柳暗花明

以下簡單說明目前房地產之行銷趨勢：

行銷趨勢→高度成熟期之來臨

1. 供過於求

臺灣人口成長趨緩，有老化之趨勢，而房地產每年申請建照之數量高達 8～10 萬戶以上，長期有供應過多之虞。臺灣少子化情況空前嚴重，根據內政部戶政司的統計，臺灣 2021 年總生育率 0.98% 再創歷年新低點，已經成為全球生育率最低的國家！

2. 競爭激烈

國內房地產市場不大，上市（櫃）建設公司高達 76 餘家，未上市建設公司高達數千家，每年推出個案銷售金額高達 8 千億元以上，市場競爭之激烈可見一斑。

3. 品質掛帥

基於消費者保護法及公平交易法之公布，加上國內消費者意識抬頭，國內建商皆朝向三品目標努力「品質、品味、品牌」，以塑造市場領導品牌。

4. 價值提升

以往建屋只考慮遮風蔽雨，如「安得廣廈千萬間，大庇天下寒士俱歡顏，風雨不動安如山」，在國民所得提高後，房子不只是住而已，更要提高其附加價值，如防震、舒適、氣派、豪華等。

5. 價格衝擊

由於地價高漲，土地取得不易，人口大量往都市集中，根據 2018 年主計處公告 2018 年北部地區人口占臺灣總人口比率 48.9%，臺北市、新北市人口占臺灣總人口比率 29.0%，全臺灣平均每 3 人就有 1 人集中在臺北市、新北市。在都市房價不斷上漲，郊區房價及非都市地區房價卻上漲不易，造成城鄉差距及 M 型化社會結構嚴重，從下表民國 110 年區域可支配所得觀察，只有臺北市、新北市、桃園市、臺中市、高雄市五區平均每戶可支配所得有超過 100 萬以上，這也是表示其所得高購買能力較強，房價也比其他區域上漲程度高的原因。

 平均每戶可支配所得——按區域別分

年別	臺灣地區	臺北市	新北市	桃園市	臺中市	臺南市	高雄市
110	1,090,554	1,430,572	1,151,270	1,190,800	1,084,908	924,875	1,022,366

資料來源：111年住宅資訊統計彙報。

6. 利潤降低

在國民所得未增加環境下，土地及建材成本不斷上漲，房價未能有效實際反映市場行情，業者利潤只能大幅縮水。

7. 消費行為改變

　　民國 110 年 7 月實施「實價登記 2.0」制度，市場資訊公開透明，消費者已從被動角色變成主動出擊，口味也跟以往大不相同，如何掌握消費者未來的變化，也是市場未來研究的重點。

8. 未來形勢大好

　　亞洲未來的發展是世界的焦點，新興國家的市場爆發力不可小覷，如何配合世界走勢，發展國家優勢，走出自己的定位，迎向未來。

9. 品牌信譽服務優先

　　三品時代來臨（品質、品味、品牌），客戶對品牌的認知為最後決定的參考因素，好品牌、好服務已是未來建設公司市場口碑的關鍵因素。

10. 消費者第一的時代來臨

　　在生產過剩的時代，消費者的需求，才是市場關鍵，知道如何掌握最挑剔消費者的胃口，才能贏得商機，行銷的價值也愈來愈重要了。

消費觀念演變

1974～1990 經濟起飛的時代	1991～2001 震盪盤整的時代	2002～2013 消費轉型的時代	2014～2018 小確幸的時代
1.農業轉型為工業	1.經濟成長趨緩	1.提供首購優惠貸款	1.房地合一稅
2.十大建設	2.伊拉克戰爭	2.增值稅減半措施	2.中美貿易戰
3.經濟自然成長	3.容積限制搶照	3.SARS	3.FFD升息
4.人口向市區移轉	4.民選總統	4.金融風暴	4.人口老化及少子化
	5.兩國論	5.遺產稅大幅降低	
	6.亞太金融風暴	6.資金回流潮	
	7.銀行逾放比持續增加	7.陸資來臺購置不動產	
		8.奢侈稅及豪宅稅	

只要蓋就賣得掉	便宜也未必賣得掉	愈高檔愈有品味越好賣	滿足基本需求就好
供<求	供>求	供～求	供>求
實務主義	害怕購屋	高檔奢華	夠用就好
先求有再求好的購房心態,購屋成人生規劃中一部分	高雄市房價大幅下跌人人看空、害怕購屋	更講求個人品味與個人所認定的價值感	只要符合居住基本需求以能購入房屋為主

2019～ 消費降級的時代	消費升級的特性	消費降級的特性	消費降級的實例	消費降級的消費模式
比夠用就好更低一階	1.時間、體驗、態度更重要	1.反映社會整體經濟與社會心態的走向	1.Obike共享單車	1.去品牌化
	2.時間→高鐵、洗碗機、電動牙刷等	2.消費降級:一定程度上降低以上效率、體驗、個性、品味等	2.I-Rent共享汽車	2.達到最基本的使用價值
	3.體驗→住飯店的體驗比睡眠重要		3.網易嚴選平臺	3.物美價廉
	4.態度→衣服、車子更有態度與風格		4.拼多多平臺	
			5.108年房地產品規劃坪數變化	

資料來源:曜群廣告。

22

精進：見山還是山，見水還是水

　　經過房地產數十年的努力與奮鬥，歷經了數十個大小不同戰役，個人不論是在本業的溝通能力、專業知識與人脈，皆練就一身好功夫，不僅熟知本業的核心價值，也看過諸多英雄好漢前浪推後浪，在此行業中消失，大家只看到 2003 年以來的多頭市場，卻忘了房地產從 1990 年到 2002 年的蕭條，價格從狂飆到套牢的情景，可說是屢見不鮮，我們常說「人定勝天」，可是又常聽人說「天命不可違」，所以有人成功、有人失敗，有如武俠小說中「滄海一聲笑、笑看人間江湖」的故事，若有再好的本事，如果真遇到市場的大變化，如金融風暴、緊縮銀行貸款、奢侈稅等重大利空，多少人一夜之間就面臨財富重分配，面對不可預知的市場，更要謙虛學習面對，所以從事房地產者，除了自己要做好扎實的基本工以外，對外在產業環境也要深入了解，不能憑「直覺」推案，公司財務的槓桿也不可過大，否則功夫再好，也有滅頂之日，房地產一旦套牢，想解套需付出慘痛的代價與時間，「不動產」就是不太能動的意思，除非你能掌握房地產景氣與漲勢的低點，才有機會快速出脫，否則將讓你陷入不動的困境，經過此大風大浪的過來人，就能感同身受，不可對此工作幻想太多。

　　「花非花，霧非霧，夜半來，天明去。」這正是企業捕捉機會的最佳寫照。在複雜、變化多端的動態環境中，機會所呈現出的若隱性及瞬逝性，經營者不僅要有「見山不是山，見水不是

水」之獨到眼光，不拘現況，彈性反應；更要有「見山又是山，見水又是水」適時決策及掌握機會的反應。面對景氣的不確定性，企業經營要的是疾如風、徐如林的成功，而不是來如春夢不多時的遺憾。

🏠 圓夢：為什麼要從事房地產行業？

推銷行業百百種，為何房地產業務員最迷人，因為你賣的是百萬、千萬的房子，有可能一個星期或一個月賣掉十幾戶，獎金可能是數十甚至數百萬元，相當可觀，然而，他們跟其他行業推銷員相比，卻是最輕鬆的推銷員。

你看過影印機推銷員、廣告推銷員、雜誌推銷員，四處奔波穿梭，陌生拜訪，客戶在哪裡都不知道，如大海撈針一般。然而房地產不管是預售房屋市場或是仲介房屋市場，推銷員卻是在接待中心或是店面裡等待客戶上門，而且還有一波一波的廣告在告知客戶前來，廣告把顧客帶來接待中心或店面裡，目標顧客出現了，機會也就來了，客人雖然需要人員帶看，也比一般商品推銷輕鬆，預售屋則不用出門即可成交百萬、千萬生意，而且成交獎金高又迷人，當然很吸引一般年輕人進入此行業，唯一缺點就是上班工時較長，較無假日，仲介經紀人則需要掃街開發客源，機動性要強，故從事者年齡較為年輕；而預售房屋市場多為「跑單」小姐，年齡則較為資深，這是房地產的特性使然。

這幾年來，政府不斷對房地產放出大利多政策（土地增值稅減半、遺贈稅減為 10～30%），房貸利率低，游資充沛，不管自住、換屋族，皆想把握此機會完成置產換屋的願望，所以假如

建築物供給相關指標

民國	西元	建造執照住宅 （宅數）	使用執照住宅 （宅數）	買賣移轉棟數 （棟數）	法拍案量 （宅數）
92	2003	64,341	57,448	349,706	306,495
93	2004	110,981	69,408	418,187	271,614
94	2005	121,652	78,760	434,888	219,151
95	2006	116,831	124,120	450,167	185,476
96	2007	106,270	130,596	414,641	205,996
97	2008	69,941	111,202	379,326	220,646
98	2009	51,180	75,870	388,298	224,728
99	2010	84,518	71,875	406,689	182,010
100	2011	97,755	71,565	361,704	148,810
101	2012	98,663	80,653	329,741	128,298
102	2013	133,072	86,438	371,892	124,460
103	2014	124,127	91,883	320,598	119,574
104	2015	106,752	99,421	293,263	115,665
105	2016	79,490	97,620	245,396	108,750
106	2017	91,981	88,636	266,086	83,063
107	2018	121,689	98,953	277,967	77,095
108	2019	148,566	92,284	300,275	90,127
109	2020	160,039	98,260	326,589	86,727
110	2021	170,468	104.872	348,194	88,291

資料來源：內政部統計處 2022 年 3 月 1 日。

您也想進入此行業，首先一定要做好基本功，加強自己的不動產專業知識，入行就不會太難，其餘賺錢談判技巧則各憑本事，各顯神通，堅持久了，您也是超級營業員。

Chapter 3
做業務需具備哪些行銷知識

我們成功不是來自精確判斷，而是來自承認錯誤。

——索羅斯

房地產行銷與消費者

　　滿足顧客就必須先站在顧客的立場著想，要了解顧客的購買心態，就要先對他們的購買行為進行研究。

一、了解消費者角色

　　消費者角色就是指消費者在消費過程中的各種角色，一個人的角色反映了他在社會系統中的地位，以及相應的權利和義務、權力和責任。

　　界定消費者角色是有效地制定行銷策略的基礎，無論是商品研製者、生產者，還是銷售者，必須具體地、有針對性地為不同消費者角色制定產品與服務方案，將消費者角色混為一談的做法已經不能適應現代行銷活動。

二、消費者的五種角色

　1. 提議者：最早提出購買房屋者

　　　　即本人有消費需要或消費意願，或者認為他人有消費的必要，或者認為其他人進行了某種消費之後可以產生所希望的消費效果，他要倡導別人進行這種形式的消費，這個人即屬於消費的提議者。

　2. 影響者：直接或間接影響最後購買房屋決策者

　　　　即以各種形式影響消費過程的這一類人，包括家庭成員、鄰居與同事、購物場所的售貨員、廣告中的模特兒、消費者所崇拜的名人、明星等，甚至素昧平生、萍水相逢的過路人等。

3. 決策者：對部分或整個購買決策，有權做最後決定者。

　　即有權單獨或在消費中擁有與其他成員共同做出決策的人，如是否購買、如何購買、何處購買和何時購買等。

4. 購買者：實際執行購買決策者

　　即做出最終購買決定的人。購買者，即直接購買商品的人。

5. 使用者：實際使用者

　　即最終使用、消費該商品並得到商品使用價值的人，有時稱為「最終消費者」、「終端消費者」、「消費體驗者」。為了達成銷售目標，銷售人員必須研究購屋者的購買動機。

在購屋者購買過程中，有發起者、影響者、決定者，因此，在銷售過程中你必須清楚：

- 誰是發起購屋行動的需求者？
- 誰是具有影響力的影響者？
- 誰是出錢決定的決策者？

一群親朋好友成群結隊前來，你必須釐清對象，再予以各個突破。

舉例來說，陳先生有感於婚後有小孩需要購買新房子，故與太太提議購屋計畫，陳太太估算自備款不夠，只好找婆婆商量，婆婆也願意出錢資助兒子的購屋計畫，於是陳太太找了她在建設公司服務的大學同學提供意見，最後由陳太太下訂完成購屋手續，全家終於快樂搬新家。所以房屋的購買活動中，提議者

（陳先生）、決策者（婆婆）、影響者（同學）、購買者（陳太太）、使用者（全家），各屬好幾方，由此可了解，參與角色的複雜性與不確定性。

影響者與決策者在整體購屋過程中，較具有左右是否購屋的影響力。因為決策者可以強化購買者的意願程度，而且通常較具有能力購屋；影響者可能以各種不同形式，直接或間接來影響購屋者之意思決定。因此，如果站在這個角度來看，行銷人員必須要能扮演影響者的角色，甚至找到能影響最後決策者的關鍵因素，使其排除在購屋過程中諸多不確定因子，也因此才足以增強其購屋的信念。

三、購買行為的決策五部曲

藉由蒐集、分析、解讀購買者活動的過程，評估購買者的欲望、行為，以及真實與潛在的需求，了解其決策過程，根據美國行銷大師菲利普・科特勒（Philip Kotler）的說法，購買決策分為五個步驟：

1. 問題察覺

由於消費者實際狀況與理想狀況之間的落差會形成問題察覺，進而促使購買動機；行銷人員透過媒體影響顧客，引發其對實際狀況不滿，如廣告文案說的「你還在租房子嗎？租金換房子？」啟發其潛在需求，掌握目標客層，告知其產品特性，喚起消費者對產品的需求。

2. 蒐集資訊

客戶對該產品產生興趣，開始蒐集產品相關資料，作為購買的依據。

影響購買行為的因素

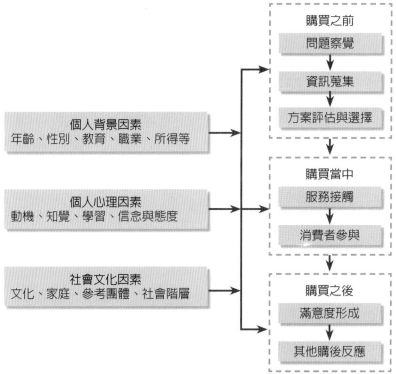

3. 方案評估

　　對相關產品資訊開始比較利弊，分析有利方案。透過對
建物的地段、價格、建材、公設、公司品牌等綜合比較，選
出一個最符合其需求的產品。

4. 購買決定

　　經過銷售人員現場解說，提供充分的訊息與更好的銷售
服務，讓消費者做最有利的選擇。

5. 購後行為

消費者使用後的反應及售後服務的評價，形成購屋的感受或是顧客滿意度，會影響日後的購買與推薦行為，對企業品牌有正面效果，應加強售後服務與聯繫，建立良好關係。

購買決策過程	購買態度
1. 我要滿足何種欲望？（欲望競爭）	購買房屋、黃金、股票、汽車？
2. 我要購買何種房屋？（產品種類競爭）	購買預售屋、新成屋、中古屋、國宅？
3. 我要購買哪種型式的房屋？（產品型式競爭）	購買透天厝、公寓、大樓、辦公室、套房？
4. 我要去哪裡買？（區域競爭）	購買臺北市、臺中市、高雄市的房屋？
5. 我要買哪種坪數、格局的房屋？（產品條件）	購買 50 坪，3～4 房的房屋。
6. 我要買哪個個案的房屋？（品牌競爭）	購買宏盛建設蓋的「宏盛帝寶」。

讓消費者察覺到自己的購屋需求，行銷人員並在過程中主動服務並促發其潛在需求的正增強，甚至透過其對現實狀況的不滿，如：「與其當個無殼蝸牛，不如自己賺租金」的標語，來催化腳步進行購屋。

那如何讓消費者產生興趣，行銷人員這時候就必須透過資訊的蒐集，為其分析產品間的利弊、特性、價格、品牌、地段等之

綜合比較，唯有透過充分的訊息指引，不間斷的現場解說，甚至於更好的銷售服務，才是讓消費者在最後能決定出對其最有利、最符合其需求的產品，這也是行銷人員所應扮演的角色與背負的責任與使命。

四、消費者購買行為

「消費者研究」目的在於了解消費者於不同效率市場上，獲致決策的資訊，以進行購買行為的過程，使得資源的分配更有效率，更能達成效果。房地產市場已從「生產導向」進入「消費者導向」時代，以往「只重生產，不談消費者需求是什麼？」的時代已經過去。在建築業所推出的銷售個案，一般來說，施工期間較長，有時需要完工後再銷售，加上個案銷售金額愈推愈大，在風險不斷增加的情況下，業者擔心的是：消費者在哪裡？需求被滿足了嗎？產品有無吸引力？願意購買嗎？市場消化得完嗎？景氣變化如何？消費者在想什麼？

一般消費者購買不動產之行為，可依 5W 及 1H 進行分析。

五、消費者購買行為（5W1H）

分析消費者行為的主要目的，在於發掘主要消費群、掌握消費趨勢，進而建立目標市場、規劃產品區隔市場。運用 5W1H 原理來分析消費者行為，可以更清楚掌握目標消費者的輪廓。

1. Why（動機）：因價錢公道？交通便利？環境好、投資利潤高？消費者為何要購屋？投資或自住？換屋或贈與？

　　了解消費者購屋之動機，除可作為產品規劃的驗證與往後規劃的參考外，有系統的分析，也可為後續行銷策略做妥善的計畫。

2. Who（人）：性別、年齡、職業

　　購屋者是誰？誰有決定權？考慮的因素為何？

　　購屋者主要有個人、企業主、機關團體等，不同類型的產品，購買的對象也就不同。需求者的購買動機有：自住需求、投資需求、換屋需求及自住兼投資需求等，如能針對購屋者成員進行偏好或需求分析，並依據不同需求進行行銷活動，往往容易馬到成功。

3. What（產品）：客戶喜好為何？客戶支付能力如何？

　　需要的是什麼產品？什麼產品才是好產品？品質、價格，還是服務？即消費者要的是什麼樣的產品？產品規劃的重點，就是如何規劃出消費者所需要的產品；不同產品有不同的需求，根據潛在購屋者之動機、職業、收入、年齡而定。

4. When（時）：購買時點？政治、經濟、社會變動影響而購買？

　　何時購買？什麼時候最適宜購屋或換屋？

　　房地產開發時間長，房屋銷售的好壞與環境因素有關；什麼時間是銷售的好時機？什麼時候需進行銷售的準備？什麼時候開始廣告、推出個案？都需事先預測與部署，才能掌握消費者購買的時機。

5. Where（地）：何處購買？購屋者購買地區分配。

　　應在何處購屋置產？地點、風水？

　　房地產因不可移動性，不同的地點其售價差異很大，會影響購屋者的決策，如何有效找出消費者喜歡的地區？即客源在何處？才能運用行銷策略，吸引他們來購買。

6. How（如何）：購買負擔能力如何？消息來源及管道？如
　 何選擇房屋？媒體知多少？

　　　 分析購屋者如何得知此個案的消息來源及管道，是透過
　 媒體或是經人介紹？付款能力及價格的接受度如何？如低自
　 備款加上高額銀行貸款；格局與建材的實用性如何？學區與
　 當地治安如何？

　　因此，如何訂定合宜的銷售方式，是吸引刺激其購買產品的
重點；客戶分析資料愈詳細，愈可縮短消費者考慮及決定購買個
案之時間。完成消費者行為分析後，即可依該地區內之消費者特
性進行目標行銷。

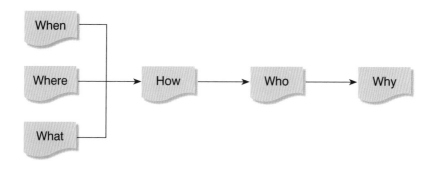

六、從消費者位階演變看趨勢

　　行銷強調滿足顧客需求，為顧客創造價值。這種觀念是經過
長時間隨著社會、經濟、競爭情勢的變遷、演化而來的。百餘年
來，企業對市場抱持的哲學或觀點，可分為四個階段（消費趨勢
的演進）：

1. 生產導向時期（20 世紀初）：亦稱生產觀念時期，以企業為中心階段。

　　思考邏輯──如何提高「生產力」？認為「只要把東西做出來，而且不要做得太爛、太貴，就可以賣出去」。

　　生產觀念（Production Concept）著眼於行銷者內部產能，而非顧客的需要和欲望。

2. 銷售導向時期（1930～1950 年代）：亦稱推銷觀念時期。

　　思考邏輯──如何「銷售」大量產品？認為「東西既然製造出來了，為了賺錢牟利，就要想辦法把東西賣出去。」

　　銷售觀念（Selling Concept）認為，如果採取積極主動的銷售與推廣活動，人們將會購買更多的產品和服務，而銷售量大則會帶來更高的利潤。

3. 行銷（市場）（1950～21 世紀）導向時期：亦稱市場觀念時期，以消費者為中心階段。

　　思考邏輯──如何提供「符合消費者需求」的商品？強調「顧客利益、顧客至上、用心服務」等。

　　行銷觀念（Marketing Concept）認為達成行銷目的的關鍵，在於要比競爭者更有效的整合行銷活動，來有效滿足顧客的需求和欲望。廠商行銷的最終目標，主要有兩個：第一個是滿足消費者的需求；第二個是要為消費者創造出更大的價值。

4. 社會行銷導向（21 世紀至今）：亦稱社會責任時期。

　　思考邏輯──如何兼顧「社會與自然環境」的企業責任？

　　在滿足顧客與賺取利潤的同時，企業應維護整體社會與

自然環境的長遠利益。也就是說，企業應講求利潤、顧客需求、社會利益三方面的平衡。如建築採「綠色建築」，盡量使用環保綠建築材料，減少對地球生態環境的破壞。

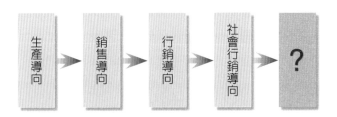

 四種市場理念：以建築為例

市場理念	以建築為例
生產導向： 產品只要不錯，就可以賣出去。	「我們的房子蓋得不錯，從設計到規劃都很用心，保證物超所值。」
銷售導向： 以廣告、推銷手法，盡快把手上東西賣出獲利。	「我們要加強廣告、辦促銷活動，這樣房子才賣得出去。」
行銷導向： 以消費者的需求及利益為出發點，滿足消費者，並獲取利潤。	「我們先了解目標客戶群希望從我們這裡得到什麼，然後設計我們的產品、價格、促銷廣告、通路等來滿足客戶。」
社會行銷導向： 除了追求消費者與企業的需求，還要兼顧社會與自然環境的利益。	「除了滿足客戶購屋的需求，我們的建材、施工、設備與設計等，都要力求環保。同時，我們應積極參與地方建設，回饋社區。」

七、消費者購屋的四個動機

　　對一般人而言，購屋的主要目的是消費自住，投資獲利僅是次要目的，但是大多數人在購屋時，皆將投資獲利放在第一順

位，反倒將居住品質放在第二順位，以致不是找不到「理想的房子」，就是在購屋後，時時刻刻還懸念著房價的起伏。這是因為房地產走了九年的多頭，報章、媒體過度渲染其增值與保值性，加上臺灣房地產市場資訊不透明，導致多數民眾弄不清楚自己購屋的目的，甚至不知道房地產到底是什麼？

身為行銷人員，實在有其責任讓消費者了解因何購屋？又是否適合以投資為出發的購屋行為，如果以投資為理財的目的，怎樣的標的物才真正適合客戶。

1. 自住購屋型

年輕族群第一次購屋，目的在於結婚成家或自住。

2. 換屋型

當事業有成或家裡人口增長，不敷所需，或因工作調動、遷升等。

3. 投資型

房地產是一個很好的投資理財工具，尤其在物價大幅波動時，再加上國人「有土斯有財」的觀念，通常偏好購買房地產。投資又可分長期投資型，如置產、收租等；短期投資型，即所稱的投機型，如市場所稱的「三黃一劉」，以追求短線獲利為主。

4. 贈與型

為了達到避稅的目的，國人有生前替子女購屋置產的觀念，加上房地產以房屋現值及土地公告現值為計價標準，往往可省下一筆可觀的贈與稅。

八、消費者的八種類型

除以上購屋類型，銷售上還可以將客戶區分為以下八種類型：

1. 傳統習慣型──有土斯有財，鍾情透天。
2. 理智冷靜型──深思熟慮，須多方考慮研究比較。
3. 經濟實惠型──重視價格，只對低價房屋感興趣。
4. 衝動變化型──易受氣氛影響，感覺對了就買。
5. 情感因素型──產品具重大意義，深受聯想影響。
6. 猶豫不決型──耳根軟，易受他人左右。
7. 五行風水型──求神卜卦，名師指點。
8. 動機不明型──不方便說、不可告人、不可曝光。

行銷人員應針對不同類型的性格，找出適合的產品銷售，有如醫師對患者的對症下藥。

九、銷售組織與內容

房屋代銷公司一般的組織營運型態設有：企劃部、推廣部、業務部、市調部等。其營運先透過專業人才的市場調查、產品的規劃建議、廣告企劃、媒體運用等密集的系列作業，再透過現場專業銷售人員，適時掌握消費者需求動態，促成交易，使個案順利完成銷售，讓消費者滿足其購屋需求。但其運作仍應受「公平交易法」、「消費者保護法」及「不動產經紀業管理條例」之規範，不得有誇大及欺騙消費者情事，否則仍應受法律管制。

代銷公司的主力擺在個案開發與銷售，所以案源是代銷公司的命脈，這也是大型代銷公司與區域型代銷公司容易有競爭優勢的原因，因為代理之個案數量多，且對市場敏感度較高，業主較

為信賴：相對一般小型代銷公司，因案源來源少，資訊獲取較弱，開發新案上較為吃虧，所以公司品牌的建立也是開發的利器，比較受業主的青睞。

1. 代銷業的組織與內容

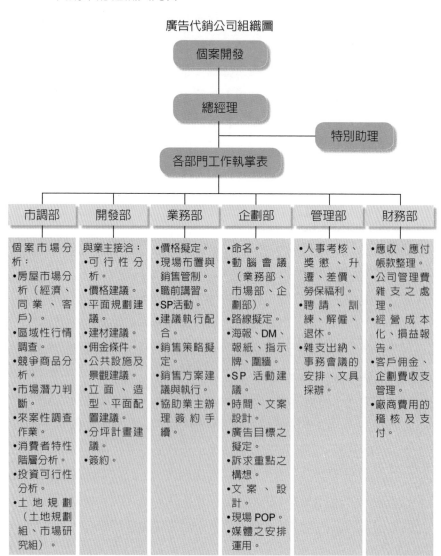

廣告代銷公司組織圖

個案開發

總經理

特別助理

各部門工作執掌表

市調部	開發部	業務部	企劃部	管理部	財務部
個案市場分析： •房屋市場分析（經濟、同業、客戶）。 •區域性行情調查。 •競爭商品分析。 •市場潛力判斷。 •來案性調查作業。 •消費者特性階層分析。 •投資可行性分析。 •土地規劃（土地規劃組、市場研究組）。	與業主接洽： •可行性分析。 •價格建議。 •平面規劃建議。 •建材建議。 •佣金條件。 •公共設施及景觀建議。 •立面、造型、平面配置建議。 •分坪計畫建議。 •簽約。	•價格擬定。 •現場布置與銷售管制。 •職前講習。 •SP活動。 •建議執行配合。 •銷售策略擬定。 •銷售方案建議與執行。 •協助業主辦理簽約手續。	•命名。 •動腦會議（業務部、市場部、企劃部）。 •路線擬定。 •海報、DM、報紙、指示牌、圍牆。 •SP活動建議。 •時間、文案設計。 •廣告目標之擬定。 •訴求重點之構想。 •文案、設計。 •現場POP。 •媒體之安排運用。	•人事考核、獎懲、升遷、差價、勞保福利。 •聘請、訓練、解僱、退休。 •雜支出納、事務會議的安排、文具採辦。	•應收、應付帳款整理。 •公司管理費雜支之處理。 •經營成本化、損益報告。 •客戶佣金、企劃費收支管理。 •廠商費用的稽核及支付。

代銷作業整體流程圖

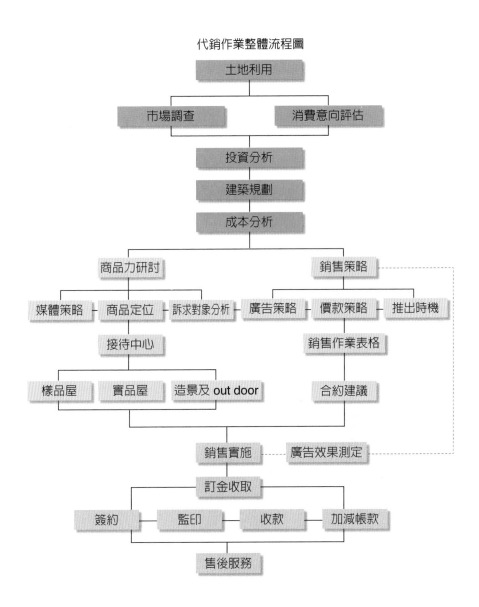

2. 建設公司的組織與內容

　　建設公司又名建築開發業，在營利事業登記範圍內容屬「委託營造廠商興建大樓、住宅，出租或出售」、「建築材料買賣」等，因此，一般建設公司在營利事業登記上通常無「營造登記」。

　　建設公司營運包括：土地開發、策略規劃、資金籌措、規劃設計、行銷企劃、銷售、營造、交屋、售後服務等工作。

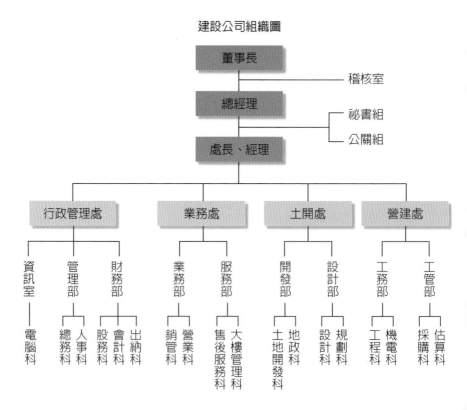

建設公司組織圖

　　所以土地的開發為建設公司原料取得的來源，近年來，都市的發展迅速，加上大量就業人口往都市移動，都市土地取得愈來愈困難，土開處責任愈顯吃重，除應付地主外，並應熟悉各種建築法令，於開發土地產權完整取得後，才正式進入規劃設計、產品定位、行銷企劃、廣告企劃、營造施工、售後服務等一連串工作。

3. 個案現場銷售組織與內容

　　如果銷售的個案夠大，為追求事權的統一及執行的效率，通常會成立專案，以利個案推行，專案組織與公司組織編制雷同，各單位派員參與任務編組，由大專案（主委）統籌負責。現場業務以專案為其執行左右手，掌控現場全局。

專案人員之必要：

(1) 團隊運作（Team Work），分工合作，各有專長。
(2) 由大專案（主委）統籌負責，事權統一，跨部門較易協調。
(3) 現場業務專案為其執行左右手，主動積極，發揮執行效率。
(4) 個案銷售管理與掌控，均須事先規劃與務實執行。

銷售組織簡圖

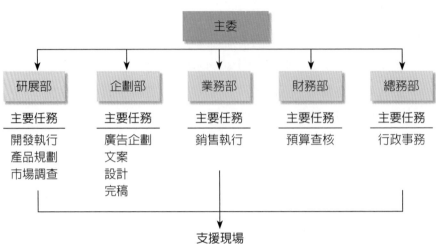

研展部	企劃部	業務部	財務部	總務部
主要任務	主要任務	主要任務	主要任務	主要任務
開發執行 產品規劃 市場調查	廣告企劃 文案 設計 完稿	銷售執行	預算查核	行政事務

支援現場

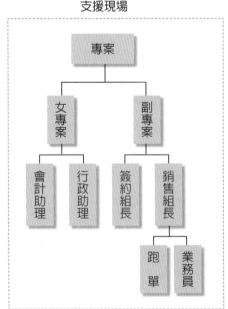

4. 銷售人員的遴選

　　面臨強烈的競爭環境，企業是否擁有良好且適當的人才，成為其決定競爭力的重要因素，「甄選」扮演舉足輕重的角色，企業一旦甄選不當，錄用了不適當的人選，不僅形成人力的浪費，而且員工的抱怨、怠工、離職，甚至破壞等勢必相繼而來，這些都足以影響整個企業的發展。所以，審慎選才是人力資源管理的第一步，事前審慎設定人才的條件及招募、甄選的方法，可大大節省人力、物力，以下人格特質是行銷人員所需具備的優先條件：

(1) 豐富的房地產銷售經驗與專業知識。

(2) 個人良好的操守與品德。

(3) 銷售熱忱與敬業精神。

(4) 銷售技巧與銷售口才。

(5) 端莊儀表與親切誠懇的態度。

(6) 有建築、地政、法商等專業知識更佳。

(7) 面對任何挑戰或變動時，會將其視為成長的機會，而不是威脅。

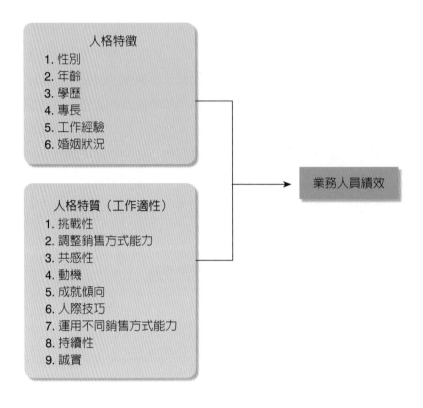

5. 銷售人員的訓練

　　業務人員代表了兩樣東西，一是公司，另一是商品的代言人，因此，公司應該重視業務人員的商品訓練，讓所有業務人員非常清楚公司的商品，同時也了解自己公司與競爭者的差異在哪裡，這樣才能找出競爭的利基。好的業務代表不但要知道商品的規格、優點、爲顧客帶來的好處、與競爭者的差異比較，還要對整個產業的發展有足夠的認識。

　　另外如銷售技巧的訓練，業務人員可以從實戰中磨練出銷售技巧。如果公司能從過去的活動案例中，整理顧客最常問的問題，及如何解答這些問題，將這些問題和答案做成銷

售手冊,作為業務人員訓練的依據,今後所有的人面對顧客同樣的問題時,就會有一致的話術,這樣顧客就不會有同一個問題問兩個人,得到兩個不同的答案。

業務人員應善用公司資料庫,傳統的銷售觀念鼓勵業務代表到市場上去開發客戶,但是現今已經是資料庫行銷的時代,誰的資料庫大,誰就是市場贏家。擁有了顧客的資料庫,就要好好地做資料採礦的工作,不斷從資料庫中開發出新客戶,對公司客戶的資料進行仔細分析與整理,把客戶資料當作是礦石來開採,這樣公司才能迅速取得優勢。

終生學習時代的來臨,無論是在教育或是工作,都是一個重要的課題,尤其在競爭激烈的市場,不進則退已是一個不變的定律,如何加強員工的訓練,充實其應有的專業知識,不容企業忽視。

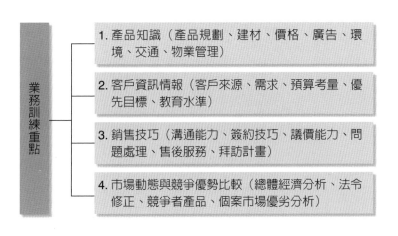

業務訓練重點

1. 產品知識(產品規劃、建材、價格、廣告、環境、交通、物業管理)

2. 客戶資訊情報(客戶來源、需求、預算考量、優先目標、教育水準)

3. 銷售技巧(溝通能力、簽約技巧、議價能力、問題處理、售後服務、拜訪計畫)

4. 市場動態與競爭優勢比較(總體經濟分析、法令修正、競爭者產品、個案市場優劣分析)

十、銷售實務演練課程單元

單元一　電話接待、電話促銷

單元二　親筆信函、直接拜訪

單元三　接待禮儀、需求認知

單元四　產品說明、感動訴求

單元五　帶看要領、業務戰術

單元六　洽商主題、締結催促

單元七　合約解說、抗性排除

單元八　交屋流程、圓滿認同

十一、做好人力盤點

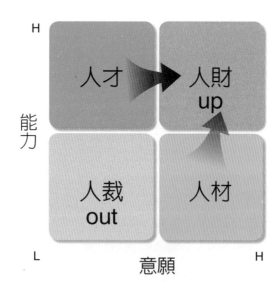

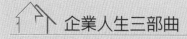

企業人生三部曲

企業人生三部曲：人材→人才→人財

鴻海集團創辦人郭台銘

　　人是否為公司的資產或是負債，可從「能力＋意願＝人財、資產」公式檢驗出來，一般來說仲介可分為兩種行銷人員：1. 高專人員、2. 普專人員。普專人員一般說來較無工作經驗，可能是剛入行或學校剛畢業的新生，屬於有意願、熱心從事此行業，但又無能力、經驗的「人材」階段；對公司而言，需加強教育訓練及輔導，讓其早日達成「人財」階段。

　　高專人員正好相反，因社會經驗較久，工作常露出疲態，屬於有能力、專業從事此行業，但又缺乏意願、熱心從事此行業的「人才」階段；對公司而言，需加強溝通及激勵，重新點燃其鬥志，讓其再度達成「人財」階段。假如你目前正處在有能力且工作意願高的狀態，那恭喜你，正處於各家公司最想要的「人財」階段了。

銷售講習的意義

　　處在戰場前線的業務人員，時時皆要提高警覺，競爭市場一有風吹草動，即能有效因應。然而對市場的警覺性，多半不是一天、兩天就能訓練而成，長期不斷的吸收資訊、教育訓練、同事之間的經驗交流，都是自我學習的機會。

　　工地銷售講習一般由專案人員負責講習與指導，公司各部門需配合提供相關產品資料，讓現場行銷人員在銷售上有統一的說

詞、推銷話術，對銷售有很大的助益；講習的時間、內容，視個案規模大小、銷售策略及銷售工具準備程度而定。

1. 銷售講習課程安排與內容

 銷售講習大綱

一、公司簡介 　　（公司基本資料／歷年業績）
二、基本資料篇 　　（基地坪數／土地區分／全案規劃／投資興建／營造廠商／建築設計／建蔽率、容積率／基地地號／產品規劃／景觀設計／燈光設計）
三、產品規劃篇 　　（產品相關資料）
四、重大建設、環境篇 　　（地區相關重大公共建設發展時程：區域環境及生活機能）
五、市調分析篇 　　（同質性產品比較表／區域住家個案行情表）
六、產品優勢篇 　　（SWOT 分析／STP 目標行銷）
七、施工精髓篇 　　（公司產品施工加強重點／本案建材特性）
八、介紹流程篇 　　（銷售介紹流程／帶看動線流程）
九、售後管理篇 　　（購屋後相關保障／交屋後管理方式）
十、業務行政 　　（拆款表／合約／匯款／刷卡／代收款／訂單／交屋）

2. 銷售講習的流程

(1) 甄選與挑選銷售人員。

(2) 對新進銷售人員舉辦教育訓練課程，並安排參觀公司的重要個案或競爭個案，使其熟悉公司、產品之專業知識。

(3) 對銷售人員所銷售的案場舉辦講習，使其熟悉附近案場、環境、交通、消費者階層、未來發展趨勢等資訊，並對所銷售的個案深入探討，以利客戶詳細說明。

(4) 對銷售人員進行督導，包括客戶應對技巧及溝通能力。

(5) 研訂各種激勵制度與措施，鼓勵銷售人員努力衝刺業績。

(6) 對銷售人員業績之分析、考核與評估。

(7) 對銷售人員業績不良者實施再教育訓練，以便「汰舊換新、去蕪存菁」。

在知識經濟時代，人才是企業最重要的資產，如何防止優秀人才跳槽或「自行創業」，都是企業經營者所面臨的問題。

3. 答客問

××股份有限公司	業名：	日期：
1.	地點、地址？	
2.	環境：（大環境）、（小環境）；例如：違章建築、臭水溝、會淹水、工廠多，或是風景優美、高級住宅區等等	
3.	交通	
4.	坪數？每戶總坪數？每戶分間陽臺及公共設施之坪數？	
5.	價格？有無優待？付款辦法？多久繳一次款項？	

6.	貸款？幾年？
7.	設備：電梯　冷氣　發電機　對講機　地板　牆壁　壁櫥　廚具 屋頂　門窗　陽臺　浴室
8.	停車如何？車位價格？
9.	何時開工？何時完工？目前進度？
10.	產權如何？
11.	業主是誰？蓋過什麼房子？
12.	有無契稅？
13.	附近有何市場？
14.	附近有何學校？
15.	設計或設備可否變更？
16.	邊間加價否？
17.	屋頂屬誰使用？地下室呢？
18.	樓高幾公尺？總共幾樓？第幾樓？
19.	方向如何？通風採光如何？
20.	馬路、巷道幾公尺？
21.	訂金多少？
22.	如何簽約？在何處簽約？攜帶何種證件？
23.	本房子優點有哪些？
24.	本房子缺點有哪些？
25.	當客戶提到這些缺點時如何回答？
26.	銷售時坪數可以更動嗎？如何更動？

4. 個案銷售流程

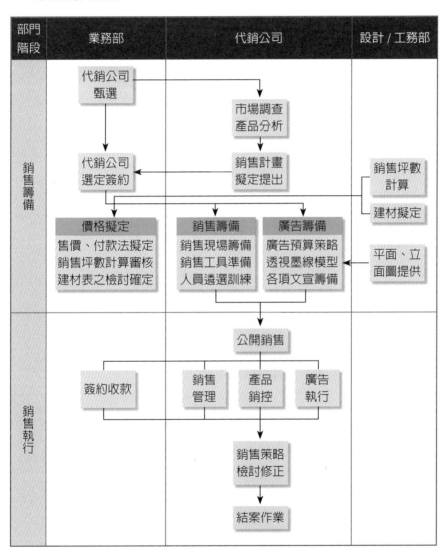

部門 階段	業務部	代銷公司	設計／工務部
銷售籌備	代銷公司 甄選 代銷公司 選定簽約 **價格擬定** 售價、付款法擬定 銷售坪數計算審核 建材表之檢討確定	市場調查 產品分析 銷售計畫 擬定提出 **銷售籌備** 銷售現場籌備 銷售工具準備 人員遴選訓練　**廣告籌備** 廣告預算策略 透視墨線模型 各項文宣籌備	銷售坪數 計算 建材擬定 平面、立 面圖提供
銷售執行	簽約收款	公開銷售 銷售管理　產品銷控　廣告執行 銷售策略 檢討修正 結案作業	

房地產行銷概念：行銷1.0～行銷3.0

在身處於高喊「知識經濟」時代的我們，要知道自己所擁有的競爭力，其實就在於你擁有多少他人所仍未具備的知識，這就跟商品之間的差異化是一樣的道理，企業也是一樣。從大方向來看，其實現代企業所面臨的競爭，不再只是如何降低成本與集中資金，要取得一定的競爭優勢，必須要在行銷上別具創意，因為就生產本身來說，已不該再是企業本身所應思考的重點，如何完整「銷售」隱然形成企業首要解決的難題。於是以「行銷」為導向的觀念，亦即以消費者為中心的思考模式，取代以過去生產或銷售導向的思維，成了現今市場上的銷售是否能夠成功的關鍵；換言之，以市場上實際的需求，亦即以消費者本身為中心的思考邏輯，才是真正符合消費者需求的商品，而且這還必須強調在「顧客利益、顧客至上、用心服務」等等之上。

拜網路與科技的發展所賜，由於網路的普及與社交媒體的出現，人們得以輕易分享具有價值的商品與服務資訊。企業操控消費者的時代，已成為過去。如果沒優先考慮對消費者而言的價值，想必這樣的商品或服務，根本無法被消費者接受，畢竟只是單純供應優質商品，很難充分滿足消費者追求的價值。

現今的時代變動愈發快速，消費選擇琳瑯滿目，「消費者心，海底針」，消費者行為更是日益善變，品牌一不小心就跟不上市場的腳步。該如何善用數據分析、選擇何種工具，才能引領行銷人員找到大海裡的細針呢？

房地產行銷也從行銷1.0踏入行銷3.0。行銷1.0為基礎篇，談的是行銷上的專業知識和常識，如：何謂行銷、目標行銷、

4P、4C等基本觀念，讓你打好行銷的基礎；行銷2.0為進階篇，談的是各種行銷策略和產品包裝，讓你學習各種行銷手法與談判、議價技巧，讓自己能獨當一面；行銷3.0為高階篇，談的是網路數位行銷與大數據的運用技巧，運用網路的方便與數據去做精準行銷。

　　現在愈來愈多大品牌建商或廣告業仲介業利用 APP（應用程式）、AI（人工智慧）、AR（擴增實境）、VR（虛擬實境）、物聯網（IoT, Internet of Things）等數位科技，讓顧客直接與產品有所連結，不再只能單向曝光訊息，而是建立雙向互動的橋梁。數位化改變了傳統媒體的使用情境，傳統廣告大多出現在電視廣告、平面、戶外、廣播、實體活動、店頭貨架等，現在群眾目光大量轉移到 FB、Google、YouTube、LINE 等社群媒介或網路媒體，資訊呈現方式都跟以往截然不同，勢必掀起一連串的行銷變革。根據統計 2018 年全球廣告量，網路廣告（38.4％）首度超越電視廣告（35.5％）成為第一大媒體，本來電視媒體還是老大，如今黃金交叉超越之後，未來的落差只會越加劇烈，永遠回不去了，這兩個數據是很指標性的。

　　利用數位行銷，每一波廣告活動可以得到多少營收挹注，在通路那一端就可以直接做檢視，上述從曝光到成交這一切，通通有數據可以檢視，隨著數位工具的進化，數據化應用成了未來重要的趨勢。有了大數據，行銷人就可以做更快速、更精準的市場判斷，不像以前只能用感覺和經驗去評估預期效益。

　　隨著數位化的轉變，目前服務項目包括了行銷策略，執行企劃，網站架構，社群經營，影音內容，內容經營，口碑操作，廣告投放，新聞策動等，會有這麼多行銷操作，不是因為貪心，而

是有些產業只作一兩項成效出不來，必須整合各種行銷手段來完成，為的仍是客戶的績效。

一、傳統媒體＋數位媒體＝360度全方位整合行銷傳播

傳統媒體		數位媒體
• TV電視 • 廣播 • 雜誌 • 報紙 • 戶外	＋	• FB • IG • YouTube • LINE • Google • 部落格 • E-DM • 網紅行銷 • 關鍵字廣告 • 社群粉絲專業經營 • 網路廣告

　　當今的行銷已進化到360度全方位的整合行銷，而其所藉助的傳播媒體媒介，必須包含傳統五大媒體廣告，然後再加上新崛起的網路及手機媒體。

　　現在的行銷科技（Mar Tech）基本上可以解決很多難題，甚至幫助行銷人預測趨勢超前部署。但我們先要懂得如何透過數據，去理解並建立產品消費者之間的關係，並做到精準的目標界定。如果我們不能理解數據、運用數據，也就白白浪費了資源與工具。身為「廣告代銷」從業人員應具備宏觀全局的全新思路，隨時反應市場的變化，諸如：

1. 產品因時因地的「定位方向」、「廣告布局」、「銷售變通」。
2. 「行銷通路」的非常態布建與逆境突破。
3. 「廣告包裝」的技術運用與「主打內容」的精準掌握。
4. 產品「賣點」與「賣相」的深度挖掘與發揚。
5. 「事與願違」時的靈活運用與彈性調整。

不拘泥於傳統行銷手法，才不會在房市低迷的狀態下一籌莫展，學習改變才是解決之道。

如何進一步增長自己的行銷智慧與別人無法知道的行銷密碼與活用數據，這都不是學校可學到的知識，顛覆你對行銷的觀念，創造新的行銷奇蹟。

二、行銷的意義

(一) 何謂行銷

所謂「行銷」，是指「掌握由消費者所構成的市場，以最佳的方法，在最適當的狀態下，提供消費者所需要的商品，而實施的種種銷售策略」。根據行銷大師菲利普‧科特勒（Philip Kotler）對行銷的定義，簡言之就是：

行銷是「一連串滿足顧客需求的交換行為」。由英國專業行銷人員組成的 Charted Institute of Marketing 對行銷的定義則是「因定義、預期、滿足顧客需求而創造出利潤的一套管理程序」。這兩個定義的共同點是，行銷的起點是顧客的需求，顧客願意用金錢交換產品或服務，是因為所能接收的利益大於付出的金錢。

行銷的目的在於透過交換的過程，以達成交換雙方的目標。當人們決定以交換的方式來滿足需要或欲望時，行銷就存在了。管理大師杜拉克說過，未來的二十年內，至少有 80% 的企業領導者將是由懂行銷、做行銷的人所擔任，客戶均由懂行銷的經營者掌握在手中。

行銷內涵：

1. 調查並了解消費者的需要。
2. 擬定商品計畫。
3. 將商品有效的移轉至消費者手中。
4. 滿足顧客所有需求。

他們運作的核心完全放在顧客身上，力行顧客導向的信念，權力已經從供應商轉移到顧客身上。拜網路之賜，顧客比以往有更多選擇與資訊；顧客只要點一下 buy.com，就會顯示不同網路商家對同一品項的開價情況，供應商必須更加小心，所提供的產品或服務會被放到顯微鏡下檢視，它們的成本不能太離譜，否則將毫無勝算。

(二) 行銷的定義

美國行銷學會（AMA）對行銷的解釋：

「行銷，是為了創造可以滿足消費個體目標及企業組織目標的交易行為，所規劃並實施針對創意、商品、服務相關的概念形成、價格設定、廣宣促銷及流通等一連串過程。」由此可見，能夠掌握由消費者所構成的市場，以最佳的方法，在最適當的狀態下，提供消費者所需要的商品，而實施的種種策略，就是「行

銷」。

　　所以，行銷活動包括生產者轉移至消費者所經歷的過程，過程中涉及消費者的研究調查與分析，總體與個體環境的分析與了解市場區隔、目標市場的選擇、產品定位行銷 4P 組合（Marketing 4P Mix）、銷售講習至結案等，都是業務人員所必須具備的專業知識，而顧客在接受服務的過程中，也比較相信有「整體規劃能力」的專業銷售人員。

　　今天的行銷，也不再僅僅是銷售的意義，隱含了更高階的顧客導向、市場研究、產品定位、廣告宣傳、售後服務等一套有系統的知識價值，也是以下所需探討的內容。

行銷（Marketing）≠銷售（Selling）

　　行銷與銷售只有一字之隔，但其中所隱含的意義是不一樣的：

1. 行銷強調「顧客需要」；銷售強調「產品」自身的價值。
2. 行銷是公司先判定顧客需求，然後再考慮如何製造產品；銷

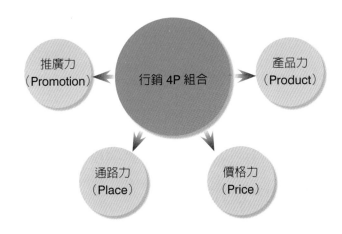

售則是事先製造出產品，再考慮如何推銷出去。

3. 行銷是基於買賣雙方「利潤」導向；而銷售則是著重於賣方的「業績」。

4. 行銷計畫以新產品之市場和未來之成長作爲考量；而銷售是屬於短期操作。

讓商品好賣，商品才會容易賣好。好賣是「行銷」，賣好是「銷售」。您的商品不但「賣相」要好賣，「買相」更要讓客戶不自主的超級想買。這些都是很基本的行銷觀念，但很基本不代表很容易。行銷的學問只要一天就能理解，但是專精卻要學一輩子。

(三) 行銷架構

企業的行銷人員將個別行銷要素，透過「區隔、目標、定位（STP）」規劃成爲一個最適當的組合，我們稱之爲行銷組合。所謂行銷就是以最適當的價格設定，提供令目標顧客滿足的商品，並施以有效的廣宣及促銷手段吸引目標顧客，於適當的通路上完成交易；無論企業內部因素或外部環境因素如何變化，行銷組合運作的目的都是要讓目標顧客滿意。

「行銷 4P」：構成行銷的四大基本要素

三、行銷的內容

(一) 市場調查研究

　　對行銷策略來說，沒有需求的地方，就沒有購買的行為，如何掌握顧客的潛在需求，使需求明確化、具體化，是最重要的。而市場調查是一種挖掘顧客潛在需求最有效的方法；透過潛在顧客交談與訪問過程中，藉助預先設計的一些問題，了解顧客的心理狀態，經過溝通與交談，顧客就能將潛在需求，逐步從口中說出來。

　　市場調查（Market Survey，簡稱市調）可說是一種幫助市場決策及解決問題的主要工具，因為市場活動計畫及目標的擬定，需要種種情報資訊等，而市場研究者，可提供決策者所需要的各種分析資料，例如：目前房地產市場客戶的反應及個案銷售率、國內外經濟動態對購買者及市場的影響、新個案的建議及分析等。

　　市場調查的定性及定量分析結果，又提供行銷研究的基礎，深入探討行銷組合的變化。

　　隨著房地產劇烈的競爭，過去一向由興建業主決定市場供需的「賣方市場」，逐漸轉變為消費者決定市場供需的「買方市場」，在買方市場的營運體系中，企業欲突破經營困境或在順境中成長，就更不能不注重市場調查分析。

蒐集資訊

　　按資料的所在而分類，房地產市場的資料可以簡單區分為一手（初級）資料（Primary Data）與二手（次級）資料（Secondary Data）：

市場調查的順序與流程

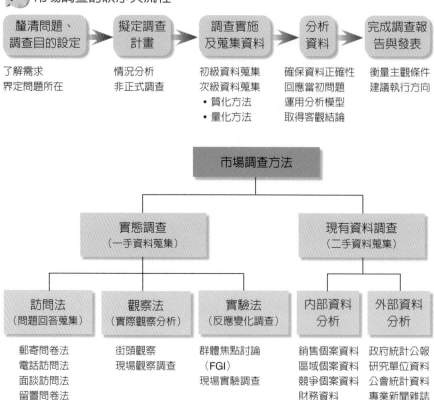

```
釐清問題、      →  擬定調查  →  調查實施    →  分析  →  完成調查報
調查目的設定        計畫        及蒐集資料      資料      告與發表

了解需求         情況分析     初級資料蒐集    確保資料正確性   衡量主觀條件
界定問題所在      非正式調查    次級資料蒐集    回應當初問題    建議執行方向
                          • 質化方法     運用分析模型
                          • 量化方法     取得客觀結論
```

市場調查方法

實態調查（一手資料蒐集）　　　現有資料調查（二手資料蒐集）

訪問法（問題回答蒐集）	觀察法（實際觀察分析）	實驗法（反應變化調查）	內部資料分析	外部資料分析
郵寄問卷法 電話訪問法 面談訪問法 留置問卷法 網路問卷法	街頭觀察 現場觀察調查	群體焦點討論（FGI） 現場實驗調查	銷售個案資料 區域個案資料 競爭個案資料 財務資料	政府統計公報 研究單位資料 公會統計資料 專業新聞雜誌

1. 一手資料（實態調查取得）

　　一手資料是指透過親自訪問、觀察、實驗所得到的直接資料，市調人員可直接針對自己所需要的資料進行調查，資料的內容與項目較能符合本身的需求，但相對的，也需付出較多的人力與物力。

2. 二手資料（現有資料蒐集）

二手資料存在於政府統計、產業公會統計、企業內部業務資訊或學術界的相關出版品，將這些數值加以組合、排列、分析等，有時可以得到非常深入的資訊，資料取得成本也較低，但相對的，資料來源與內容並非針對本身訂做，因此不一定能符合研究目的所需。

資料蒐集方法

1. 實態調查（Primary Survey）

公司為自己特別目的而專門蒐集的資料，即以實態調查取得，又稱第一手（初級）資料。

2. 現有資料調查（Secondary Survey）

可分為：經營內部的既存資料 ⎫
⎬ 第二手（次級）資料。
　　　　經營外部的既存資料 ⎭

市場研究的分類法

一般代銷公司使用的資料，可從下列四種角度加以分析：

1. 依調查產品不同而分類

以產品不同來分類，可分為住宅、商場、商業辦公。

(1) 單以住宅來說可分為：①別墅、休閒度假中心；②公寓，四層或五層；③社會住宅；④電梯住宅六層到二十七層、超高層住宅；⑤商辦大樓、工業廠房；⑥地上權住宅。

(2) 以商場來分類，又可分：①購物中心、百貨公司、商店街；②餐廳、超級市場；③市場攤位；④遊樂場、電影

院等。

2. 依市場對象而分類

可分為需要市場與供給市場：

(1) 需要市場一般又可因購買對象及階層而細分，如：①高所得有身分人士；②所得薪資階段；③勞工中下階層；④月薪 ××× 元者。

(2) 供給市場又可分：①營造廠；②建築商；③地主；④政府機構。

3. 依總體經濟及個體經濟而分類

個體經濟以討論個別單位的細節為主要課題，譬如：個別的產業、廠商與家庭、基地分析、競爭個案分析。

總體經濟所處理的是一個總體，這個總體可能是整個國民經濟，也可能是構成國民經濟的全體家庭或廠商；換句話說，一個總體就是個別經濟單位的結合，這個時候一個總體便是一個單位，包括：經濟因素（所得、利率、物價）、政治因素、法令因素等。

4. 全國性市場研究及地域性市場研究

全國性市場研究係以整個國家作為研究範圍。

地域性市場研究則可分為北部、中部、南部、東部區域，或以縣市、鄉鎮市區等行政區域作為研究範圍。

市場調查資料可以運用資訊交叉分析，找出有意義的統計數據結果，進一步解讀，分析出寶貴的情報。

分析資訊

利用統計工具，整理資料、數據、問卷、分析調查結果。做

質與量的考量，研究行銷學，必須進行定性分析，以確定問題的性質；也必須進行定量分析，以確定行銷活動中各方面的數量關係，使兩者有效的結合起來，不僅問題的性質看得準，又能使績效與行銷活動數量化，結論更加精確和具體。

做出決策

　　根據研究結果，做出是否推案、購地、規劃設計、產品定位、定價等判斷與決策。

市場調查的重要性

　　行銷決策的參考——市場調查（簡稱市調或民調），對企業是非常重要的。那麼，什麼是「行銷決策」呢？舉凡與行銷或業務行為相關的任何重要決策、通路決策、產品上市決策、包裝改變決策、品牌決策、廣告決策、消費者購買行為等，均在此範圍內。

　　由市場調查所得到科學化的數據，就是「行銷決策的重要依據」，重點如下：

1. 提供高層管理單位，作為決策的參考依據。
2. 有助於了解其他競爭者的個案計畫，進而提升自身的開發與管理能力。
3. 增強企業的競爭應變能力，創造企業的競爭優勢。
4. 市場調查對於銷售的重要性。
   - 生產只是方法，銷售才是目的。
   - 銷售前須有全盤的產品計畫（4P），這些計畫必須仰賴市場的訊息。
   - 市場訊息的獲得，必須經過市場調查。

• 根據市場調查掌握市場資訊，即可掌握致勝先機。

5. 增強產品的銷售能力。

6. 達成公司所訂的銷售目標。

(二) 行銷企劃與組合

行銷是一種有序、深思熟慮地研究市場和採取積極行動的商業活動，它包含對人們需求的研究，並以此決定生產方向以及產品的包裝和配銷，這些需求取決於產品在顧客心目中的形象、促銷活動與價格策略等因素。

行銷流程

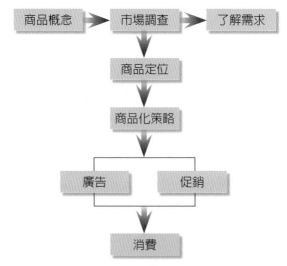

代銷公司經過市場調查，設定目標行銷，規劃出客戶所需要的「產品」，訂定適切的「價格」，也搭好接待中心，方便消費者購買的「銷售通路」，最後還是要透過「廣告、促銷」，讓廣

大消費者知道商品的存在、優點與功能，激起消費者購買欲望而進行購買行為。

四、行銷組合的意義與內容

(一)「行銷組合」4P 的意義

早在 1960 年，麥卡錫（Jerome McCarthy）就在其著作《*Basic Marketing*》中，提出了行銷組合（Marketing Mix）及其所包括的四大要素，也就是今日眾所周知的「4P」：Product、Price、Place、Promotion。由於這四個英文均有一個 P 字，故又被稱為行銷 4P。換言之，行銷「組合」又稱「4P」。這一理論認為，如果一個行銷組合中包括合適的產品、合適的價格、合適的分銷策略和合適的促銷策略，那麼這將是一個成功的行銷組合，企業的行銷目標也可藉以實現。

前面 3P（Product、Price、Place）的努力就是要製造競爭利益點，導致交易機會。第 4P——Promotion（推廣），則是要告知消費者，這整體的行銷組合重點，鼓勵並說服消費者考慮購買。所以推廣是廠商與消費者之間主要的溝通連結。為何要說組合（Mix）呢？主要是當企業推出一項產品或服務，想要成功的話，必須是「同時、同步」把 4P 都做好，任何一個 P 都不能疏漏，或是有缺失。

(二)「行銷組合」4P 的內容

1. 產品策略（Product）

產品包括產品及服務的品質、功能、產品的設計、包裝、特徵、服務、保固期限、售後服務範圍等。行銷人員可以從這些產

品的細項中做些許調整，以適合顧客的需求，並作為行銷組合的選擇項目。

2. 定價策略（Price）

價格包括市面上的建議售價、廠商的交易價格、現金折扣、大量購買的折扣優惠等，都是產品行銷時的組合之一。行銷人員同樣可以透過對價格的調整，來吸引及配合顧客的需求，以達到業績目標。

3. 通路策略（Place）

係指顧客在什麼時間、地點購買商品等。消費者已經知道你的產品很棒了，卻無法立刻得知「哪裡買」？很多消費者看了行銷文宣，都很有印象、很有動力、很有感覺。而儘管你在廣告中，也真的都提到可以去哪裡買，但消費者就是「沒長眼睛」。所以行銷人員在考量通路的問題時，要以顧客的心態去考量。因為唯有最方便的通路，才能夠吸引到最多的顧客，並且給予顧客方便舒適的感覺。

4. 推廣策略（Promotion）

過去一般人對行銷的印象，總以為「行銷不就是打廣告、跑業務嗎？」然而，無論是廣告、業務或銷售，雖然都是行銷的一部分，卻只是「銷售推廣」環節上的一些執行方法，並非行銷的全貌。

推廣所指的是，推廣組合或傳播組合。此種組合包括了廣告、宣傳、郵寄 DM、展覽、展示、口頭推銷等。這些都是目前最常見到的行銷組合，每天只要我們一睜開眼睛，就會見到所謂的廣告、宣傳等，因此要如何藉由這些廣告、宣傳吸引顧客，便是行銷經理所必須思考的問題。

這些不同的溝通工具各有其特長，運用不同的推廣工具，以達到彼此相輔相成的目的，與不同的特定對象溝通，共同完成行銷中推廣的任務，我們稱之為推廣組合（Promotion Mix），如下圖所示。

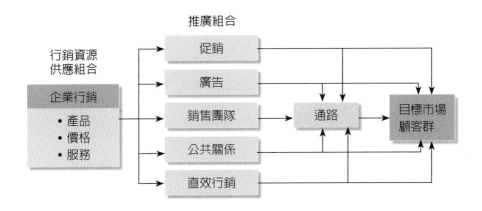

行銷組合的各項要素必須支持整體的市場定位，公司也必須視市場的需求調整行銷組合，否則 4P 將成為眾多組合中的一種，一點用處也沒有。

(三) 賣方 4P 與買方 4C

行銷組合好比一道好菜，須兼顧菜色的調配、烹調的技術，才能滿足顧客的口味。欲使你的產品更暢銷，應考慮產品（Product）、價格（Price）、通路（Place）、促銷（Promotion），這四項通稱為行銷組合的四個 P。

✏ 房地產的 4P 與 4C

賣方 4P	買方 4C
產品（Product）：大樓、住宅、透天	顧客價值（Customer Value）：顧客在此得到了什麼好處與滿足？
價格（Price）：付款條件、貸款、購屋折讓、折扣	成本（Cost）：負擔能力、價格是否有吸引力？是否物超所值？
推廣（Promotion）：廣告、促銷、公關活動	溝通（Communication）：傳達了什麼資訊給顧客？公司信賴度？
通路（Place）：接待中心、仲介商、地點	便利性（Convenience）：帶給想購買的顧客什麼方便性？能否順利取得？

　　隨著市場競爭日趨激烈，媒介傳播速度愈來愈快，4P 理論愈來愈受到挑戰。到 80 年代，美國勞特朋針對 4P 存在的問題提出了買方 4C 行銷理論：

　　4C 分別代表：Customer（顧客）、Cost（成本）、Convenience（便利）和 Communication（溝通）。

1. Customer（顧客價值創造）：瞄準消費者需求

　　首先要了解、研究、分析消費者的需要與欲望，解決他們的問題，而不是先考慮企業能生產什麼產品。同時，企業提供的不僅僅是產品和服務，更重要的是由此產生的客戶價值（Customer Value）。真正高段的業務心法是：「集中需求、聚焦買點、創造價值感」。也就是說，只要想辦法了解客戶心中的需求與期望，然後盡力滿足並解決他們的問題，創造他們的價值感，業績自然就會達成。

消費者需求——我不是要買車子，我要買的是方便的移動；我不是要買一個房子，我需要的是一個能遮風蔽雨、放鬆休息的地方；我不是要買高科技的冷氣，我需要的是涼爽的溫度與舒適的感覺。

2. Cost（成本）：消費者所願意支付的成本

首先了解消費者滿足需要與欲求，願意付出多少錢（成本），而不是先給產品定價，意即向消費者要多少錢。

3. Convenience（便利）：消費者的便利性

首先考慮顧客購物等交易過程如何給顧客方便，而不是先考慮銷售管道的選擇和策略。強調企業在制定分銷策略時，要多加考慮顧客的方便，而不是企業自己的方便。要透過好的售前、售中和售後服務來讓顧客在購物的同時，也享受到了便利。

4. Communication（溝通）：與消費者溝通

以消費者為中心實施行銷溝通是十分重要的，透過互動、溝通等方式，將企業內外行銷不斷進行整合，把顧客和企業雙方的利益無形地整合在一起。這不再是企業單向的促銷和勸導顧客，而是在雙方的溝通中找到能同時實現各自目標的用途。

不是銷售製造的產品，而是要將滿足消費者需求的產品售出；不要依競爭者或者自我的營利策略定價，而是要透過一系列測試手段了解消費者為滿足需求願付出的成本；不要以自身為出發點，想著通路點怎麼布置，採用什麼樣的通路策略，而是要關注消費者購買產品的便利性；不是想著如何透過媒體傳播來提升銷量，而是要和消費者互動溝通。

4P → 4C 不只是滿足需求，更要滿足欲望

　　進入資訊時代，市場上的選擇、資訊大量增加，消費者變得聰明而挑剔，行銷策略轉為積極發覺及回應顧客需求，以提升顧客滿意度為最終目標；在制定行銷組合的時候，行銷人員應站在買方觀點，了解顧客的需求，如此才能有效結合 4P 與 4C 的行銷組合，有效地傳達利益或價值給目標顧客。

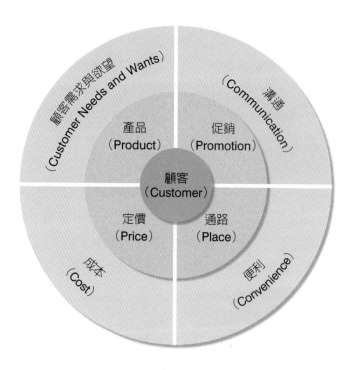

五、代銷公司的行銷作業流程

　　此圖指出行銷活動的重點及資源分配的方式，以便行銷部門「用對的方法」來「做對的事」，它包含市場分析、個案分析、擬定 STP（市場區隔、目標市場與定位）、設定行銷組合 4P，

最後是業務執行，工作必須有執行力，才能將規劃付諸實行，執行告一段落時，則必須驗收成果、評估績效等，檢討有無達成目標。

房屋市場行銷新架構

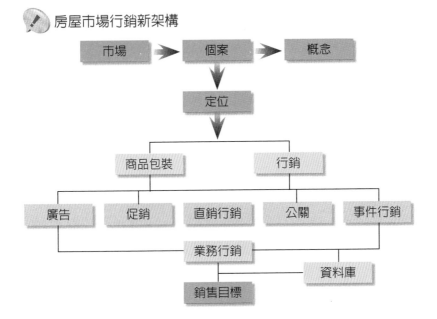

六、現階段房屋市場行銷新觀念

建立整體的整合行銷觀念：

面對全球化市場的激烈競爭，企業間的競爭壓力愈來愈大，而科技的發展使得各個企業的生產技術，甚至產品特性趨於一致，因此企業很難強調某一方面的優勢，必須整合企業的一切資源後，展開結合各項優勢的整合行銷活動，才能使行銷工作更有優勢。整合行銷之父舒茲（Don E. Schultz）說過：「整合行銷傳播是一個大藍圖，記載所有的行銷及推廣活動，同時協調各個

傳播工具之應用」，即在一個行銷概念下，溝通不同族群，使用不同行銷工具。

行銷人員應該在了解產品與顧客的特性下，周密規劃與整合各類大大小小的推廣工具，清楚界定每個工具的表現內容與形式，以便讓現有及潛在顧客感受到清楚、一致的訊息。整合所有的推廣工具，以便產生一加一大於一的綜合效用。

假設我們把客戶內部會對行銷服務產生需求的單位簡單區分為「行銷」、「銷售」（或稱「業務」）與「媒體服務」三個主要部門，同時把從事整合行銷的工具初步區分為廣告、公關、直效行銷、事件行銷與公關促銷活動行銷，那麼目前房地產整合行銷的互動關係可由下圖做說明。

這樣的關係為水平式整合（Horizontal Integration），它整合的是各項行銷工具，即使在整合之後，行銷部門仍是主要溝通的窗口，主要目的也還是著重在解決行銷部門的需求。當銷售部門或是廣告部門有相關需求時，通常是反映至行銷部門，然後行銷部門視情況從現場銷售客戶反應所提供的資訊中，找出適當的解決方案。例如珍貴的顧客資料庫，其實都會是廣告企劃或業務部能充分運用並創造極大價值的寶庫。

另外，當產品銷售成績不如預期時，或許是廣告企劃路線出現問題、產品售價需要調整，也或許是產品規劃或是售後服務口碑不佳，這時候再有創意的廣告、再密集的公關造勢活動，都很難改變現實狀況。過去行銷部門並不容易接觸到這些客戶經營管理層面的核心問題，現在既然有了「整合行銷」這麼具威力的行銷概念與操作工具，其實行銷部門可以積極從客戶各個部門的需求分別切入，以整合行銷專家的立場，深入客戶經營核心，直接

與各部門溝通，從各個層面為客戶找出問題並徹底解決，進而形成緊密不可分的夥伴關係。

 整合行銷新觀念圖

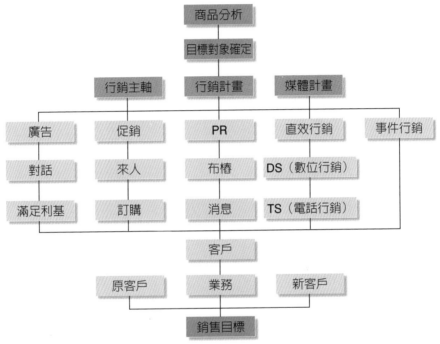

七、現階段房屋市場行銷新手法

　　近幾年房地產市場景氣處在一定水平之上，當然也使業者願意嘗試更多不同的方式，來推銷自己的產品。因此近年我們看到，房市在行銷上不斷推陳出新，出現許多首見的行銷術，以下大略整理近幾年房市銷售上曾出現的幾個比較具代表性，且為新型態的行銷手法，在消費層面上，到底具有怎樣的意義，也讓消

費者在面對這些新招式時，具有一定的解讀及判別能力。

(一) 人員行銷（Sales Forces）：面對面推銷
1. 現場銷售、內部銷售。
2. 簡報說明會。
3. 結合仲介、直銷系統。
4. 里鄰長系統。
5. 連鎖店頭系統。
6. 招募直銷人員。

(二) 直效行銷（Direct Marketing）：買方和賣方直接交易，而不需要透過居中的銷售人員或零售商。
1. 電話行銷、手機簡訊。
2. 網路行銷、E-DM（e-mail廣告）行銷、LINE 行銷、Facebook 行銷、Google 聯播網
3. 電視行銷。
4. 信件 DM、明信片、小冊子（說明書）、免費樣本。

(三) 傳銷

1. 跑單聯誼會：透過代銷業的金釵，如不動產服務業職業工會、不動產經紀人員職業工會或 FB 社群，將個案消息傳播和介紹辦法告知。

2. 業務員俱樂部：透過異業交流模式，將個案訊息告知說明，以 Total Sales 模式多一些觸角，多一些商機。

3. 協力廠商：透過水平、垂直整合方式，放寬、加深客層之挖掘，以達 ALL IN ONE 效應。

(四) 客戶聯盟

1. 新家園互助聯盟：以消費者聯盟方式，向建設公司集體購屋議價。

2. 裕詮「築巢專案」：建築業者以消費者聯盟方式，吸引集體

購屋議價。

3. 產銷聯誼會：以生產者與消費者（下包），直接購屋議價或換屋。

(五) 聯賣

1. 仲介公司成立餘屋小組：餘屋對代銷公司是雞肋，但對仲介公司卻是 APPLE。

2. 大型建商成立餘屋促銷專案：大型建商尤其是上市上櫃公司，更是存貨壓力超大，因此積極及早因應，甚至要求公司員工愛屋及烏每人每年一戶。

3. 代銷公司紙上量販：集合數家建設公司餘屋共同集中廣告行銷包裝，以某某專案決心出清一戶不留。

4. 新成屋量販店：建設公司剛完工，因為先建後售從零開始，新屋全新完工，量體超大銷售壓力也愈大，尤其碰到景氣下滑反轉更是憂心。

(六) 聯合展銷：為求銷售整體包裝垂直整合行銷，第三部門或媒體兼具公關行銷概念，業者以品牌形象為主要訴求，銷售業績為輔。

1. 第二屆不動產聯合展售會（臺南）。

2. 國際房地產博覽會（臺北）。

3. 上海房交會。

(七) 包裝功能：為求創價增值或提升三品（品質、品牌、品味），將建築外觀、中庭景觀和室內裝潢精緻美化，以建立優質形象，創造優良銷售佳績。將房市商品如同藝術品般，或融入新潮創意進行包裝，也是近年來另一個逐漸流行的房市行銷趨勢。

1. 新聯聚信義大廈（臺中）、宏盛帝寶（臺北）、忠泰大美（臺北內湖）是近期另一個房市行銷藝術化的典型。廣告內容幾乎都是和知名建築師設計、具藝術性的創意作品做結合。

2. 捷運木柵站聯合開發案「信義 18 號」，該案為捷運聯合開發案之特色，但是此案把接待中心搞得跟夜店一樣新潮時尚，而且還利用平面廣告大玩藝術創意，還上過各大新聞，增加曝光率。

(八) 藝文風行銷：近年來，房地產行銷有走向「藝文化」的趨勢，賣房子從強調區位、價格與設備硬體的理性交易談判，已昇華為一種感性的藝文體驗過程。

1. 精品定位的「忠泰華漾」。

2. 平價商品「淡水情歌」。

3. 關渡當地的「春天悅灣」。

(九) 複合式行銷：隱性包裝，效果深且廣，除此還能幫助建商命中目標客層，避免亂槍打鳥、浪費資源。

1. 富立永恆天詩（臺南）：與西餐廳結合咖啡香。

2. 遠雄琢蘊（高雄）：與蔦屋書局結合人文書香。

　　不過，藝文行銷或複合式行銷的手法雖然新穎，但比起傳統的廣告宣傳攻勢，還是無法收到立竿見影的短期速效。

(十) 異業結合：配合商品舉辦的所謂造勢活動，在行銷市場上極為常見，不過和早期土味極重的工地秀相比，近年房市銷售現場的造勢活動，也就是業界所謂的 SP，無論在內容或形式上，都有很大的進化。

1. 案場舉辦名人講座，有時這些名人的登臺，不僅是替建案造

勢，其實也是在為剛出版的新書、正在經營的新副業或剛完成的新作品做宣傳。

2. 與高檔精品產業結合，則算是服膺近期北臺灣房市高價、豪宅化之趨勢。如遠雄西湖大案「上林苑」及飯店改建之「遠雄富都」，就都曾在接待現場舉辦精品走秀。

　　觀察這些與不同產業結合的特殊 SP 活動，並不是隨便尋找合作對象；基本上還是必須和建案本身規劃的產品調性，也就是潛在消費群能夠結合，這樣的結盟才能互蒙其利。

(十一) 外來和尚會念經：標榜外籍知名建築設計師操刀規劃的建案。

　　對國人來說，舶來品的確有著相當大的吸引力；幾乎大多數的商品或產業，都有這樣的傾向。房地產雖是本土化的產業，但從一些行銷包裝，乃至實質規劃來看，這種「外來和尚更會念經」的心態，在房地產界同樣存在。2004 年淡水指標大案「海揚」請來建築普立茲獎得主奧地利名師漢斯豪萊操刀，還請到他赴銷售現場演說造勢，確實造成大轟動，也是一個很成功的行銷話題。

(十二) 廣編稿及置入行銷：最直接常見的房市置入行銷，是所謂廣編稿或廣告式節目。這種實質廣告，形式與內容則採新聞報導方式處理的篇幅或影片，是透過傳遞類似知識、資訊的方式，來達到行銷商品的目的。這種廣編行銷，還能分直接與間接兩種：

　　以平面媒體為準，直接式廣編稿，形式類似新聞報導，但內容仍和個案特色環環相扣，篇幅的某個角落，仍

會秀出建案的位置、電話等資訊。

　　至於間接式，則消費者幾乎不會再看到任何建案的資訊；這類間接式廣編稿內容，不外乎強調當下的購屋置產趨勢潮流，或是哪些區域具有發展潛力等。這類例如房產週報的專刊，表面為資訊新聞，實則行宣傳之實，已經愈來愈常見，其中又以《蘋果日報》地產王專刊最具代表性。

(十三) 事件行銷

　　大體而言，在精心策劃與節制成本下，創造一個引起大眾廣泛注意的活動，形成社會效應、焦點話題，並為媒體高度關注和樂於報導。從而提升企業形象與占領市場份額，便是EVENT的真義。

　　為拉抬過去房市買氣相對平緩，小港、清景麟建築團

隊，發表企業設計全新時尚制服，在小港森林公園舉辦
「清景麟超乎想像巨星時尚之夜」活動。活動還安排400
臺無人機表演，並展現出包括「豎琴」、「森林樹海」、
「清景麟」等圖示，活動總花費高達1,500萬元，堪稱高
雄史上最大規模建案造勢。

八、銷售期間重點

房地產預售個案推出到結案，通常是三個月到六個月的銷售
時間，視個案大小而延長。就房地產銷售策略而言，不動產促銷
活動可分為五個階段：

1. 醞釀期

產品剛剛進入市場的初期階段，主要在於引起社會大眾的注
意，進行口語、耳語傳播，塑造「山雨欲來風滿樓」的氣氛，讓
潛在客戶保持觀望又期待的態度，想一窺究竟；也是初期的現場
準備工作階段，因消費者對於新產品不甚了解，銷售速度緩慢；
現場應做好銷售布置及各種網路媒體之預約等準備工作，並整合
現場銷售人員，進行戰術演練及銷售講習。

2. 引導期

　　啓動媒體第一波攻擊，運用社群網站，如：Facebook、IG、LINE 等網路媒體及定點 POP 等方式吸收區域客戶，一般希望在籌備與引導期吸收區域性 2 至 3 成客戶，較能增加現場信心，也容易形成口碑；在此階段現場專案應隨時注意銷控的流程有無順暢、資訊的回饋與整理、擬定或調整銷售戰術及策略，務必在公開前讓流程盡善盡美。

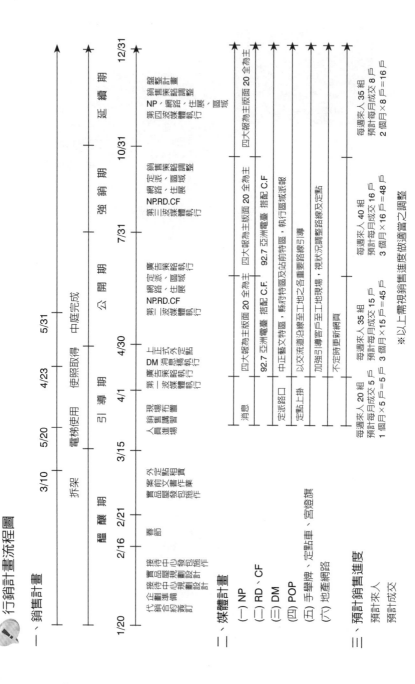

3. 公開期

　　本階段可於現場舉辦各種造勢活動或配合大量媒體製造話題，提高新聞曝光率，現場舉辦大型造勢活動，如名人走秀、紅酒品嚐會、精品展示會等，匯集人潮、製造買氣，藉機提高成交率。

4. 強銷期

　　大眾傳播媒體如報紙、廣播、派夾報、網路媒體等廣告達到最高峰，延續公開期的銷售熱潮，將客戶情緒累積到最高點，必要時也應配合現場採取「強殺」的操作手法，發布高銷售率成績，讓客戶覺得機會愈來愈少的感覺，減少猶豫的時間與空間，讓交易過程縮短，隨時保持快速靈活的銷售策略，達到銷售的最

高潮。

5. 延續期

　　銷售進入末期，盤查訂購情形，過濾所有客戶，並開發次級
客戶，極力促銷最後餘屋，此時剩餘產品往往是具有某些缺陷
（格局不佳、方位不佳、採光不佳等），因此善用已購客戶力量
（椿腳行銷），拉大議價空間，提供介紹佣金等，加速完全出清
的目的。客戶資料整理、移交，準備結案，並做結案報告，案後
檢討，以提供往後參考。

代銷公司產品企劃流程

　　從個案取得開始，代銷公司必須先對市場做一番研究與調查，包括總體市場與個體市場，以定位其目標市場；再進一步做消費者行為研究分析，確定其市場區隔及其銷售目標客戶群，然後再將目標客戶的需求反應在產品本身，最後運用 4P 行銷組合與廣告策略，讓消費者心動而有所行動，快速達成銷售的目的。

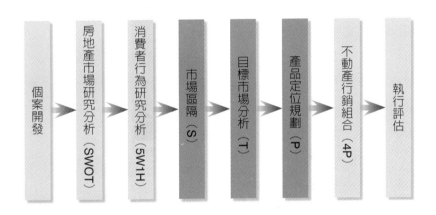

一、市場研究分析

　　可從總體市場資料蒐集及市場現況調查兩方面進行。

　1. 總體市場分析

　　企業所在的總體市場環境，會對企業的營運造成相當深層的影響。一般而言，總體市場包括：經濟因素、社會因素、法律政治因素、社會文化以及人口環境因素等。總體市場環境影響整個經濟及房地產市場的未來發展，同時也影響了個案銷售的時機、

投資利益、產品定位及規劃，所以研擬產品行銷策略前，必須將總體市場環境充分了解與分析，可以運用策略規劃之 PEST 及 SWOT 兩種工具分析之。

SWOT 分析由美國舊金山大學教授韋里克所提出，包括分析企業的優勢（Strengths）、劣勢（Weaknesses）、機會（Opportunities）和威脅（Threats）。意指一個組織不管是營利（如：企業）或非營利（如：政府機構），評估其組織本身的強處（Strengths）、弱點（Weaknesses），以及其所處的外部環境所存在的有利機會（Opportunities）與不利的威脅（Threats），這四個英文字母合起來，便是 SWOT。

針對內部因素評估後，可以得知我們的強、弱勢（S、W）；外部環境評估後，可以預期該企業面前的有利機會與不利

✎ PEST 分析：掌握趨勢，尋找新商機

考量項目：稅法、勞動法、環境法、貿易限制與關稅、政治穩定度等。
舉例：政策會影響勞動人口的教育程度、國民的健康，以及大眾運輸等基礎建設的品質等。

P 政治因素
（Political Factors）

考量項目：經濟成長、利率、匯率、通貨膨脹率、國民所得等。
舉例：高利率會提高企業借貸成本、減緩投資，匯率升高使出口商品在國際市場上的競爭力減弱等。

E 經濟因素
（Economic Factors）

考量項目：健康意識、人口成長率、年齡分布、職涯規劃、對於安全的重視。
舉例：人口老化提高企業退休金支付的成本、或僱用較多年長工作者。

S 社會因素
（Social Factors）

考量項目：研發活動、創新、新產品開發、自動化、科技進展的速度。
舉例：網際網路改變了消費者購物與企業經商的模式。

T 科技因素
（Technological Factors）

資料來源：http://en.wikipedia.org/wiki/PEST_analysis http://www.quickmba.com/strategy/pest/。

SWOT 架構

	優勢	機會
正面要素	自家企業（競爭對手）是否掌握關鍵資源？最擅長什麼？最適合做什麼？	自家企業（競爭對手）的產品、技術、服務是否能找到新的利基市場？是否能發展新產品？
	劣勢	威脅
負面要素	自家企業（競爭對手）的資源或潛力，是否顯示最不擅長什麼領域？最不適合做什麼？	自家企業（競爭對手）的產品、技術、服務是否會被取代？市場是否惡化當中？
	內部因素	外部因素

資料來源：《決策技巧》，台視文化公司出版。

 SWOT 分析之交互影響矩陣策略

		外部分析	
		O 機會	T 威脅
內部分析	S 優勢	攻擊／強化策略	改善／消除策略
	W 劣勢	補強／轉化策略	放棄策略

因素（O、T），舉例如下：

(1) 優勢：如產品規劃完整、公司信譽良好、學區優良、社區管理完善、交通便利、公設比例低等優點。

(2) 劣勢：如產品規劃設計不良（如有暗房）、格局差、售後品質不佳、公共設施不足、社區管理不佳等缺點。

(3) 機會：如緊鄰學校市場、公共建設的開發、銀行低利貸款的提供、兩岸的開放等獲利機會的出現。

(4) 威脅：如大型企業或產業的外移、原物料價格上漲、法拍屋的增加、政府打壓房地產政策（如課徵奢侈稅及縮減銀行貸款）、市場供應過量及不景氣造成市場買氣不足等，以及其他影響個案銷售之不利因素。

2. 個案工地附近重大計畫

個案工地附近如有重大建設或投資計畫，都會影響個案效益、生活機能與土地價值，所以在行銷計畫擬定之前，必須事先調查清楚與了解。

3. 個案工地附近環境分析

了解自己工地的優劣勢與其他工地的差異性是最基本的準備，特別是在規劃、區段、環境上的不同，做好事先的調查與分析是必要的。

4. 競爭市場資料分析

對市場上推出有競爭性的個案，加以資料蒐集及分析，以作為產品定位及價格訂定的參考，並以近兩年區域內推出且銷售成績良好的個案，以及未來一年內同區域可能推出的個案，做一詳細分析比較。

　　因此，認識自己所處的環境，確認自己和什麼人互相競爭，以及當行銷戰爭開啓時，如何先爭取固有的顧客市場，再奪取對手的地盤，每項細節都是攸關存亡的關鍵。策略大師麥可‧波特（Michael Porter）在著作《競爭策略》（*Competitive Strategy*）中提出「五力分析」（Five Forces），是五種不同切面剖析市場的競爭程度和獲利表現。

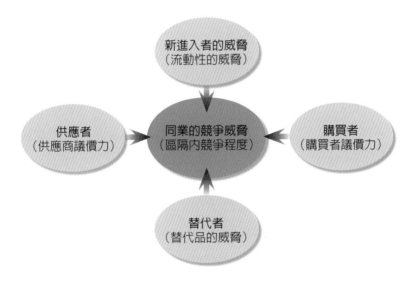

5. 個案銷售市場資料分析
　　從總體的觀點對整個房地產的市場環境做一分析，包括市場供給量、需求量、產品種類、價格、建材等，以了解目前及未來的趨勢走向。

二、劃分市場區隔（Segmentation）、市場選擇
　　市場區隔：不能只想要一網打盡，要找出哪些人才是我們眞

正的顧客，並且密切鎖定。一個區隔市場是由一群擁有類似需要與欲望的顧客所組成。

1958 年，學者 W. Smith 提出「市場區隔」觀念——強調利用區隔基礎（Segmentation Bases），將市場劃分成若干較小之同質性市場。

所以市場區隔化（Market Segmentation），亦稱「市場細分化」：是企業根據消費者導向（Customer Orientation）的行銷觀念，辨別市場消費者的真正需要，將複雜的市場區分為若干的小市場，再針對各小市場的需要設計不同的行銷組合，以期企業之利潤能夠建立在滿足客戶需要上。

在行銷的領域裡，依不同的環境將市場及消費者做成不同的區隔，區隔消費者市場的變數可以分為四大類，包括：地理變數（Geographic Variables）／人口統計變數（Demographic Variables）／心理變數（Psychographic Variables）／行為變數（Behavioral Variables），如下表格。

每一位消費者在購買決策過程中，都被這些內外在的環境，交錯複雜地影響著，其中人口統計變數最為普遍，因為消費者的欲望、偏好及使用率等，與人口統計變數有很大的關係，同時較其他類型的變數更易於衡量。

以下對話就是你身為公司業務主管最常面臨老闆徵詢的一些內容：假設貴公司老闆，正好簽下了某區域住宅區 600 坪土地，準備興建住宅大廈，老闆首先會提出以下問題徵詢業務主管的市場看法：

消費者市場主要區隔變數

區隔變數	解釋／舉例
地理變數	
• 氣候	熱帶、亞熱帶、溫帶、寒帶等
• 城鎮規模	大都會、小鎮、鄉村
• 人口密度	都市、市郊、郊區
• 區域	北部、中部、南部、東部
人口統計變數	
• 性別	男、女兩大類
• 年齡	兒童、少年、青年、中年與老年市場
• 所得	低所得、中所得、高所得、極高所得等
• 職業	白領、藍領，或工商業、軍公教、學生、主婦等
• 教育程度	國中以下、國／高中、大專、大學、研究所以上等
• 家庭生命週期	單身、結婚無小孩、結婚有小孩等
• 宗教	佛教、天主教、基督教、回教、道教
• 世代	X 世代、Y 世代、N 世代
心理統計變數	
• 人格特質	追求成功、自我本位、特立獨行、八面玲瓏
• 生活型態	綜合消費者的活動、興趣與意見等來區分市場，如家居生活、戶外冒險、自然恬靜等
• 價值觀	以消費者根深柢固的信念、判斷是非對錯的觀念來劃分市場，如節儉型、務實型、揮霍型等
行為變數	
• 追求利益	以消費者想從產品得到什麼好處來劃分市場，如經濟、便利、可靠、社會地位等
• 購買時機	以銷售產品的時刻、節慶、社會情境、某種生理或心理狀態等來劃分，如 319 檔期、520 檔期、920 檔期等
• 使用率	首次購屋者、二次購屋者、投資者、租屋者
• 反應層級	將消費者分為知曉、了解、興趣、有意願購買等市場
• 忠誠度	無、中等、強烈、絕對

水舞川個案以每坪 14 萬 8 低總價為訴求，主打年輕上班、低所得族群市場，以「所得、年齡」為區隔變數

美術 1 號院，廠商針對美術館特區以「區域」為區隔變數，強調公園第一排的景觀性及地段優勢，以吸引愛好此區域的客戶注意。

資料來源：聯合報。

「最近房屋市場，業界推出之個案，銷售反應如何？」

「公司最近在 ×× 區簽了一塊土地，面積約 600 坪，使用分區爲住宅區，你對此區域房地產市場看法如何？」

「你覺得這塊地，適合做什麼樣的產品規劃或定位成什麼樣的產品？」

「你認爲購買對象，應針對哪一些族群或階層的消費者？」

「你判斷本案每坪可銷售的售價應該訂爲多少？」

「何時推出最爲恰當？」

「廣告公司你推薦哪幾家較好？」

「廣告公司何時可做簡報？」

「誰最適合當本案的專案負責人？」

從以上老闆的問話，已同時概括了整體經濟環境影響、市場區隔、目標顧客、產品定位、價格訂定、廣告策略、推出時點等，所以身爲一位業務主管，經過老闆的諮詢後，就可以體會目標行銷及總體市場變化的重要性了。

而行銷人員的任務，卻是判斷消費者未來的消費決策是什麼。消費者的考量非常複雜，並不一定可以歸納爲某個特定的因素，例如價格導向的消費者並非就不重視品質，而注重品味的消費者也同時會考慮價格，每個產品種類包含的市場區隔都不盡相同，有些區隔會出現在兩種以上的產品類別，找出你的市場裡不同的利益區隔，就可以幫助行銷人員做好行銷的工作。

三、選擇目標市場（Targeting）及產品定位（Positioning）

面對市場區隔所產生的不同區塊，行銷人員必須選擇某一個或某一些區塊作爲目標市場（Target Market），作爲公司

經營的部分；市面上的多元色彩，舉目皆是，這都是來自於廠商的目標市場行銷（Target Marketing），也就是說，廠商根據某些購買者的特性，將廣大的市場分類（如自住、換屋、投資、租屋族群等），然後決定針對那一群購買者提供什麼產品利益或特色執行目標市場。所以，行銷前必須先做好市場區隔（Segmentation）、選擇目標市場（Targeting）、確立定位（Positioning）三件事情，簡稱 STP。如下圖：

 目標市場的行銷做法：STP

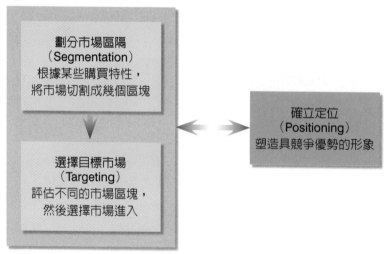

所謂「目標市場行銷」（Target Marketing），係指廠商將整個大市場細分為不同的區隔市場（Segment Target）；然後針對這些區隔化後的市場，設計相對的產品及行銷組合，以求滿足這些區隔目標之消費群，並進而達成銷售目標。

　　而廠商之所以採取目標市場行銷，是因為市場異質性的關係，意指市場上的購買者具有多樣化的需求。如自住型購屋者注重房屋總價、付款、利息等；換屋型購屋者注重地段、格局、坪數、建材等；投資型購屋者注重景氣、地段、公司品牌等。由於產品不斷創新與多元化，加上消費者的可支配所得增加，市場異質性漸有擴大的趨勢。

　　另外，廠商所面對的市場相當龐大，很難有龐大的資源將市場大小通吃，因此衡量本身的資源，服務部分的市場，可以因為專注於部分市場而提升專業，從而提高行銷管理的效率與效果。因此有必要根據某些購買者特性，將市場劃分成幾個區塊。例如：住宅市場可分為透天厝、別墅、公寓、大廈，或根據購屋需求可分為自用、換屋、置產、投資、贈與等，廠商接著評估本身的資源與不同市場區塊的情況，選擇其中一個或一些區塊作為目標市場，如臺中鄉林總裁行館，從不同的市場區塊中，選擇「高所得換屋族及有成就的臺商族群」作為目標市場；同時，廠商必須確立定位，也就是塑造與傳達能吸引目標市場的客戶，有別於競爭對手的形象，以獲得目標市場的青睞。例如宏盛帝寶定位於高級豪宅住宅，標榜最貴的住家，有別於一般中、高級住宅，領導市場。

(一) 目標市場選擇的方式

策略類型	說明	例子
無差異行銷（大量行銷）	視整個市場為同質性市場，提供單一產品或服務及行銷方案，以強調消費者共同需求。	政府所興建的合宜住宅或市社會住宅等，皆是單一產品，提供給首購需求者且數量龐大。

策略類型	說明	例子
差異行銷	在兩個或以上之區隔市場中營運。	在高級住宅區，如臺北信義區推出高價豪宅案，其他二級地段推出換屋型住宅，以區隔不同階層之客戶群。
集中行銷	只選單一區隔市場，達成強而有力的市場定位，建立聲譽。	宏盛帝寶、高雄天贊，便是針對高所得頂端客戶，採取集中行銷策略。
一對一行銷	針對個別顧客的需要和偏好，去發展產品和行銷方案。	大臺北華城直接承接顧客不同需求的訂單，為顧客量身設計其所需的別墅。

　　面對市場區隔所產生的不同區隔，行銷人員必須選擇某一些區塊作為目標市場；目標市場的選擇方式有四種：無差異行銷、差異行銷、集中行銷、一對一行銷，如下圖：

目標市場選擇的方式

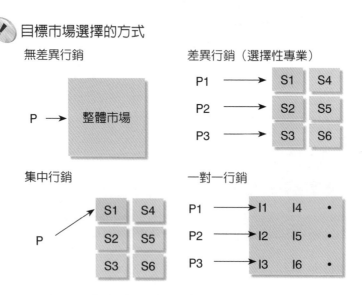

P：產品　S：市場區塊　I：個別消費者

　　市面上琳瑯滿目的產品或各式各樣的廣告，就是企業執行目標行銷的結果。

高雄「遠雄 THE ONE」專攻金字塔頂端，想入主豪宅的客戶群，就是集中行銷的例子，這種「弱水三千，只取一瓢」的目標市場選擇方式，稱為集中行銷（Concentrated Marketing），而所選擇的市場則稱為利基市場（Niche Market）。

(二) 確立產品定位（Positioning）的定義

一看到知名品牌的名稱，我們腦海馬上出現鮮明的形象：「宏盛帝寶」是臺北市有名的豪宅，「101 大樓」是臺灣最高的建築物及商辦大樓，「麥當勞」代表年輕、歡樂、乾淨、效率。我們之所以能夠不假思索的聯想到這些品牌的特質，就是定位所帶來的結果。

美國行銷大師柯特勒（Philip Kotler）稱所謂「產品定位」，是指「公司的產品和行銷組合，能在消費者心目中占有一席之地」。強調「商品在顧客心目中是什麼？」而不是「商品是什麼？」也就是從顧客的眼光來看商品，而不是從生產者的角度來判斷。

什麼是不動產「產品定位」呢？企業必須進行市場定位，為自己或產品在市場上樹立特色，塑造形象，爭取目標顧客認同，且有利於後續採取的行銷組合。

定位於客戶心目中豪宅的產品

遠雄 THE ONE　　　國城定潮　　　聯聚信義大廈

資料來源：雅虎網站、好房誌雜誌。

四、行銷組合 4P

　　一個最佳的行銷組合來自各個行銷子組合的最適化組成，而且各個子組合間應相互協調，產生相乘效果。

　　行銷組合來自產品、價格、推廣及通路等子組合所組成，不同的行業皆有不同的行銷子組合，也有其不同的重要性，房地產的行銷組合及行銷要素可作為行銷策略擬定的依據或參考。

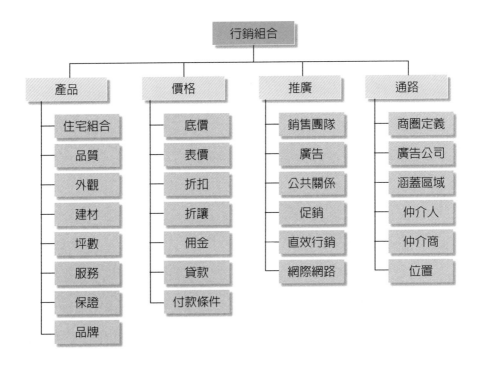

五、房地產商品與一般商品的差異

(一) 一般商品生命週期

　　新產品一旦推出後，它在市場上的銷售數量和所能獲得的利潤，會隨著時間演進而發生變化。商品生命週期（Product Life

Cycle, PLC）是美國經濟學家雷蒙‧弗能（Raymond Vernon）所提出，指一個商品隨著商品、市場及競爭不同所呈現出的時間變化，通常可分為四個階段，分別為導入期（Introduction）、成長期（Growth）、成熟期（Maturity）與衰退期（Decline）四個階段，其銷售曲線呈現鐘型（如下圖）。

目前市場的競爭趨勢就是「商品的生命週期變短、更彈性、更少量多樣、更快速的推出新產品」，消費者的感覺會跟著市場走，受到不斷的行銷造勢及大量媒體的刺激影響，「追求流行」、「講究變化」變成現在市場的主流，銷售人員應改變觀念、態度與不同的做法，以及行銷差異化，才能滿足顧客的需求。

 商品生命週期與銷售及利潤的關係

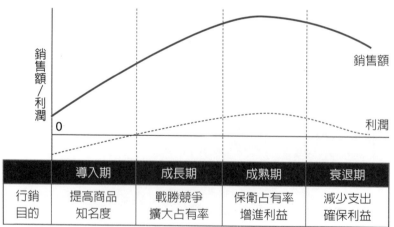

行銷目的	導入期	成長期	成熟期	衰退期
	提高商品知名度	戰勝競爭擴大占有率	保衛占有率增進利益	減少支出確保利益

(二) 房地產商品與一般商品市場的不同之處

房地產商品生命週期最長，這是因為房地產有預售市場、新

成屋市場及中古屋市場，而且房屋有折舊會減少價值，土地價格卻會不斷上漲，所以在大都市裡透過都市更新，反而讓舊房屋有更高的價值，這不是一般消費品可擁有的特色，茲將房地產特性列出如下：

1. 區域性：房地產具地域性（地方性）。
2. 異質性：因每棟房子位置、格局皆不同，房地產市場不適用一物一價之定價方式。
3. 稀少性：土地取得不容易，市區可建土地愈來愈少。
4. 不透明性：房屋交易大多是個人私下交易，市場資訊較難取得。
5. 供需調整緩慢：房地產市場不具工業性生產、不具標準化，無法大量生產、市場供需調節較不靈活。
6. 昂貴性：房地產交易金額龐大，動輒數百萬起跳，屬於私有財交易市場之性質。

房地產生命週期

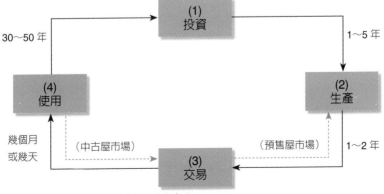

資料來源：房地產投資市場分析理論與實務。

7. 投資與消費雙重性：房地產不但可自用，且可同時投資獲利。

8. 長久性：房地產生命週期很長，約有五十年，土地收益期幾乎無限，所以一般人都喜歡投資房地產。

因為房地產有以上的特性，再加上房地產的相關法令限制甚多，無法採用一般商品的銷售手法來行銷房地產，才需要藉由專業經紀人或營業員來銷售，也讓房地產自成一種獨特的行銷手法，如能善用房屋與一般商品的差異處，來了解購屋者行為，找出定價對策、銷售策略、業務說詞等，就容易取得客戶的購買信心，突破銷售盲點，故非深入其境，無法得知其奧妙。

由於房價相當昂貴，需要累積數十年積蓄才有機會購屋，所以在購屋之前，一定會針對業務人員、土地產權、公司品牌信譽做一評估，當客戶對你產生信心之後，才可能採取下訂金之動作；因此，如何「讓客戶產生信心」是售屋人員必須採取之首要任務，所以聰明的行銷人員都知道「要將商品推銷出去之前，先將自己推銷出去」。

(三) 商品組合（Product Mix）與市場涵蓋

商品組合亦稱產品搭配，係指企業提供給消費者所有產品線與產品項目之組合而言。例如：建設公司的產品線有住宅大廈、商辦大樓、公寓、套房、別墅等，產品項目有自住型、換屋型、投資型、置產型及豪宅型商品。

重點有三個介面：廣度、長度、一致性。

1. 商品廣度（Width）

指企業擁有的產品線數目，商品寬度愈寬，產品種類愈多，市場涵蓋度愈大，消費者選擇性較廣。

2. 商品長度（Length）

每一個產品線內產品項目的總數，商品深度愈深，區隔市場的對應愈深入，市場涵蓋度就愈大。例如：住宅大廈可分爲豪宅型、投資型、置產型、換屋型、自住型等五種商品規劃。

3. 商品一致性（Consistency）

不同產品線在最終用途、分配通路及行銷組合的關聯程度。商品一致性愈高，表示資源愈集中，專業度高，行銷成本相對較低，但風險也較集中；有些建設公司專推住宅大廈；有些建設公司卻專推廠辦大樓原因在此。

商品線廣度愈廣，商品深度愈深，市場涵蓋愈廣，相對地，商品品項種類愈多，代表商品庫存複雜度愈高，雖然產品種類多，可以滿足不同顧客的需求，營業額容易擴大，增加利潤，但也因產品種類多，容易讓客戶感覺不夠專業的印象，公司資本也要夠雄厚，才可興建如此多的產品種類。

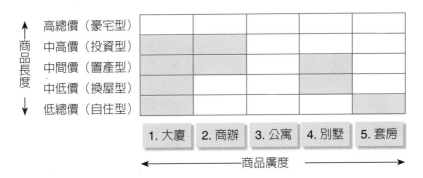

六、行動計畫與銷售策略

業務動線，是指業務人員帶領客戶參觀之動線，或是廣告引導客戶進入接待中心參觀之動線。

售屋流程的拆解分析

一般流程

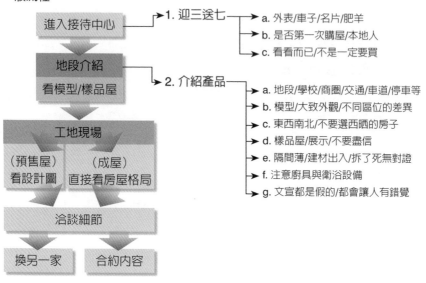

進入接待中心 → 1. 迎三送七 →
- a. 外表/車子/名片/肥羊
- b. 是否第一次購屋/本地人
- c. 看看而已/不是一定要買

地段介紹
看模型/樣品屋 → 2. 介紹產品 →
- a. 地段/學校/商圈/交通/車道/停車等
- b. 模型/大致外觀/不同區位的差異
- c. 東西南北/不要選西曬的房子
- d. 樣品屋/展示/不要盡信
- e. 隔間薄/建材出入/拆了死無對證
- f. 注意廚具與衛浴設備
- g. 文宣都是假的/都會讓人有錯覺

工地現場
（預售屋）看設計圖　（成屋）直接看房屋格局

洽談細節

換另一家　合約內容

一般流程

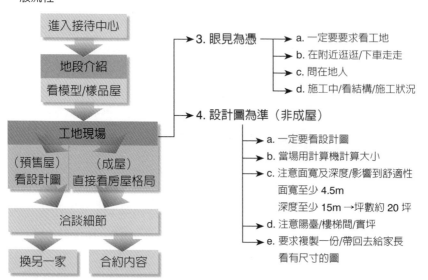

進入接待中心

地段介紹
看模型/樣品屋

工地現場
（預售屋）看設計圖　（成屋）直接看房屋格局

洽談細節

換另一家　合約內容

3. 眼見為憑 →
- a. 一定要要求看工地
- b. 在附近逛逛/下車走走
- c. 問在地人
- d. 施工中/看結構/施工狀況

4. 設計圖為準（非成屋）
- a. 一定要看設計圖
- b. 當場用計算機計算大小
- c. 注意面寬及深度/影響到舒適性
  面寬至少 4.5m
  深度至少 15m →坪數約 20 坪
- d. 注意陽臺/樓梯間/實坪
- e. 要求複製一份/帶回去給家長
  看有尺寸的圖

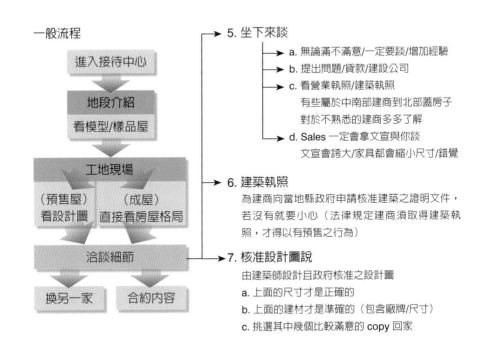

一般流程

進入接待中心

↓

地段介紹
看模型/樣品屋

↓

工地現場

（預售屋）　　　（成屋）
看設計圖　　　　直接看房屋格局

↓

洽談細節

換另一家　　　　合約內容

5. 坐下來談

　　a. 無論滿不滿意/一定要談/增加經驗
　　b. 提出問題/貸款/建設公司
　　c. 看營業執照/建築執照
　　　 有些屬於中南部建商到北部蓋房子
　　　 對於不熟悉的建商多多了解
　　d. Sales 一定會拿文宣與你談
　　　 文宣會誇大/家具都會縮小尺寸/錯覺

6. 建築執照
　　為建商向當地縣政府申請核准建築之證明文件，
　　若沒有就要小心（法律規定建商須取得建築執
　　照，才得以有預售之行為）

7. 核准設計圖說
　　由建築師設計且政府核准之設計圖
　　a. 上面的尺寸才是正確的
　　b. 上面的建材才是準確的（包含廠牌/尺寸）
　　c. 挑選其中幾個比較滿意的 copy 回家

卡內基銷售談判九大法則

活用九大法則，讓你成功推銷自己：

1. 真正懂得銷售談判的人，總是「真誠地以他人的角度了解一切」。

2. 真正懂得銷售談判的人，能夠「很快地談論客戶感興趣的話題」。

3. 真正懂得銷售談判的人，會「主動了解如何滿足客戶的需求」。

4. 真正懂得銷售談判的人，是個「給予對方足夠的資訊，提供解決辦法的人」。

5. 真正懂得銷售談判的人，可以「澄清疑問，化解反對意見」。

6. 真正懂得銷售談判的人，會「引發他人想要購買的欲望，贏得承諾」。

7. 真正懂得銷售談判的人，擅於「深耕現有客戶，積極開發新客戶及培養班底」。

8. 真正懂得銷售談判的人，會做好「建立個人願景、訂立聰明目標、有效運用時間」。

9. 真正懂得銷售談判的人，永遠「保持熱忱」。

Chapter 4

房屋銷售技巧祕笈

教育訓練很貴，但是不做會更貴。
　　　　　　——日本經營之神　松下幸之助

預售屋、新成屋的售屋流程

一、預售屋（工地銷售）售屋流程

客戶進入接待中心	• 準備工作 • 熟悉環境，編列答客問 • 認識產品及基本資料
視聽室	• VCR 館，播放影片，基地位置介紹，生活機能介紹 • 詢問基本資料（住址、職業等）
模型（地點解說）	• 介紹外觀、透視圖 • 產品規劃特色說明 • 詢問需求坪數、房間數
工學館介紹	• 建材設備展示介紹 • 施工說明介紹
樣品屋	• 貼心設計規劃介紹 • 建材、格局、平面裝潢說明
業績介紹	• 公司經營團隊及業績介紹 • 公司品牌及售服介紹
說明書、海報	• 分析購屋動機、需求產品 • 分析客戶職業、收入、個性
推薦兩戶攻擊一戶	• 掌握需求、主攻一戶 • 分析對方喜好，購屋預算
價目表	• 進入議價程序
成交	• 壓迫下訂，第一次 • 壓迫下訂，第二次

二、整批成屋的售屋流程

接待中心客戶進入 → 1. 視聽室 → 2. 模型 → 3. 實品屋參觀 → 4. 洽談桌 → 5. 價目表（議價程序） → 6. 攻擊一戶介紹兩戶 → 7. 攻擊一戶（第一次壓迫下訂）（第二次壓迫下訂） → 8. 成交

三、預售帶看流程

　　戶外看板、現場促銷活動引導，進入接待中心，視聽室（視訊系統、電腦動畫、幻燈）解說（個案簡介、建商業績、產品特色）；建築模型館：區域模型、交通模型、主體模型，外觀透視圖；建材工學館：建材設備介紹，參觀樣品屋，洽談區，出接待中心。

保全人員通知櫃檯，告知來客人數，
新來或回籠，找哪位銷售人員。

由 BY one 人員至大門口迎接客戶，
再次確認新客戶或回籠。

詢問姓氏、居住地、看何種媒體廣告而來。

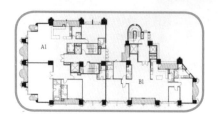

VCR 館,播放影片,基地位置介紹,
生活機能介紹。

帶看模型,介紹外觀透視圖,
產品規劃特色說明。

工學館介紹,建材設備及施工介紹。

帶看樣品屋,貼心設計規劃介紹。

公司經營團隊及業績介紹。

回銷售桌,再強調產品優勢
及競爭個案比較。

銷售拉價動作與訂金補足。

成交與簽約。

四、售屋流程內容的分析

項目	強調重點
建築物外觀（造型）	建材特殊又高級、氣派、豪華
房屋格局	方正、不浪費空間（公設比最低）
室內配置	家族活動私密性、通風、採光
主臥室	寬敞、方正、私密性、景觀
客廳	採光、方正寬敞、氣派豪華
廚房與餐廳	便利家事、採光通風、動線簡捷
起居室	休閒、招待親友、歡樂
露臺或陽臺	景觀視野、休閒、賞月
游泳池	健康、娛樂、歡樂
庭院	賞月、歡樂、娛樂、宴會
衛浴	乾溼分離、採光通風、私密性
警衛室	安全、服務、維修

五、帶看技巧秀出真本事

客戶至接待中心或房屋現場參觀時，現場介紹的流程皆由銷售人員控制，為了讓客戶留下深刻的印象及節省雙方彼此的時間，銷售人員應先做好事前準備工作，不僅讓介紹程序流暢，又可顯示出個人的專業，所謂「工欲善其事，必先利其器」。

仲介銷售前應做好準備，讓客戶留下好的印象，營造氣氛有利行銷：

1. 展示環境的探查：商圈特色、風水、厭惡設施、交通、學區。

2. 事前檢查物的品質：採光、格局、建材、漏水有無、室內清

潔、屋況等。

3. 事前邀約：先確認 (1) 不動產說明書在不在？(2) 房子鑰匙在不在？(3) 屋主在不在？(4) 告訴自己：「我一定要收斡旋」。

4. 準備展示所需的銷售工具：個人簡介、名片、證件、行情表、指北針、計算機、委託書、不動產說明書、契約書、照相機等。

5. 展示技巧：委託、逼價、促銷、簽約話語。

6. 不要批評競爭個案：避免客戶兩邊比較，自曝缺點。

7. 展示後一定要做締結（Close）動作：善用店頭人員的合作收斡旋。「告訴客人，房價是談出來的，不是等出來的。」

六、掌握客戶購買心理與銷售祕笈

《孫子兵法》：「兵者，詭道也。」在在說明良好的策略對成敗的影響，因此所謂「勝兵，先勝而後求戰；敗兵，先戰而後求勝」，意指打勝仗的軍隊總是在具備了必勝的條件之後才交戰，而打敗仗的部隊總是先交戰，在戰爭中企圖僥倖取勝。三思而後行，謀定而後動，才能勝券在握，迎向未來。

(一) 購屋者的購買心理與需求

美國心理大師馬斯洛（Abraham Harold Maslow）在《人類動機理論》一書中提出人類的需求有五個大項，並以金字塔將之分為五個層次，在較低層級的需求得到滿足之後，人類會進一步追求較高層級的需求。最基本的需求是生理需求，是我們需要吃飽、解渴、保暖等。生理需求滿足了，接下來是追求人生安全、生活與財務有保障等，也就是安全需求。

購屋者的購買心理與需求

1. 生理需求 —— 遮風蔽雨、冬暖夏涼、棲身之地

2. 心理需求

(1) 安定的需求 —— 持有、保存、安全感、親情、與他人比較

(2) 彰顯的需求 —— 氣派、豪華、炫耀、社會地位、成就感、優越感

(3) 充實的需求 —— 舒適感、寬敞感

(4) 防衛的需求 —— 規避通膨、安全感、規避劣等感

需求的順序

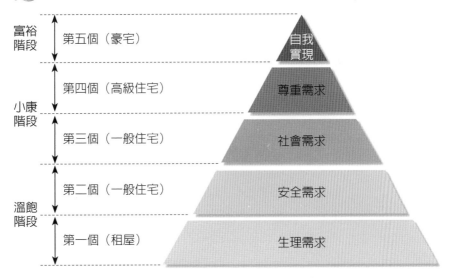

生活上安全無虞後，開始希望能夠愛人與被愛，能被團體接納，因此產生社會需求，社會需求滿足後，我們希望能受到他人的肯定與尊重，因而會有自尊需求。最後我們渴望自我實現需求，希望能發揮潛力、實現夢想等。

(二) 銷售人員對購屋者購屋目的分析

購屋者因個人生活環境及所得不同，所以對購得的需求與目的皆不同，故我們常根據其不同的需求予以分類如下：

• 日常生活必須使用的房屋。
• 提高生活水平的房屋。
• 作為財產的房屋。
• 作為理財目的的房屋。
• 臨時度假用的房屋。
• 作為交際用的房屋。
• 預防緊急情況時用的房屋。
• 小孩結婚用的房屋。
• 防老用的房屋。
• 其他用途的房屋。

(三) 銷售祕笈

1. 成功銷售要素

業務是一項融合了多種能力與技術，且具有相當挑戰性的工作，一名優秀的業務人員，要具備以下的特質：如目標管理、自我解決、自我管理、工作態度、追求卓越等才能，這些心理的因素，有些是無法透過訓練加以強化或提升的，

成功銷售的要素

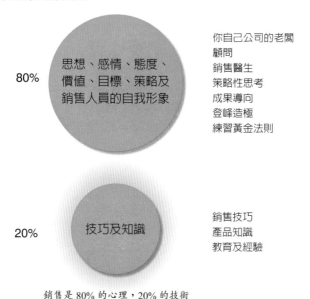

80%	思想、感情、態度、價值、目標、策略及銷售人員的自我形象	你自己公司的老闆 顧問 銷售醫生 策略性思考 成果導向 登峰造極 練習黃金法則
20%	技巧及知識	銷售技巧 產品知識 教育及經驗

銷售是 80% 的心理，20% 的技術

銷售技巧與專業知識可透過教育訓練來取得，自我人格特質部分卻難以捉摸，故適當的獎勵與激勵，才能點燃他們的熱情，朝向目標進行。

(1) 舊銷售模式

　　早期銷售模式以售出成交為第一目標，銷售重點擺在技巧運用、現場控管及產品介紹，對客戶之經營或彼此信任關係之建立較為缺乏，讓客戶對銷售人員警戒心較高，缺乏信賴感，一味地想辦法完成自己的交易目的，從不去仔細觀察或了解客戶的心理，只想做生意賺錢，而無法考慮客戶之感受。

舊銷售模式

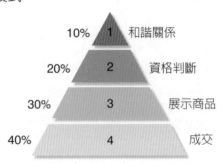

10% 1 和諧關係

20% 2 資格判斷

30% 3 展示商品

40% 4 成交

(2) 新銷售模式

　　作為業務員，第一件要推銷的產品就是你自己。推銷行業是人與人打交道的事業，是你主動找尋客戶的事業，如果你的消費者連你這個人都無法接受、信賴，他更不可能成為你的客戶，所以在推銷自己的產品之前，首先推銷的應該是自己。如果你不能給客戶留下好印象，建立信任基礎，學會看透客戶的心理，從他的真實需求出發，用感情來打動客戶，將非常不利你的銷售成績。

新銷售模式

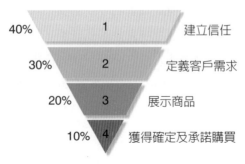

40% 1 建立信任

30% 2 定義客戶需求

20% 3 展示商品

10% 4 獲得確定及承諾購買

(3) 基本銷售流程

顧問式行銷：在推銷過程中將每一位客戶變成自己的朋友，客戶會選擇值得信賴、有好感的銷售人員合作，如果能與客戶建立起良好的友誼，將拉近與客戶之間的距離；有耐心和有邏輯地整理出客戶的想法和需求，進而洞察客戶的需求，了解客戶需要什麼、想要什麼，給客戶有利的銷售方案，而不是有利於自己的，發掘並解決客戶問題，滿足客戶需求，客戶也會回報你支持和讚譽。

(4) 經驗法則

聆聽重點：先聽後說，適時提問，打動顧客心，別只顧著講，要懂得「問」與聽；問出好問題，讓客戶多說，再提出精準建議，才是業務的基本。客戶會不會買你的產品，並非取決於產品是不是最好，而是自身需要不需要，以及銷售人員值不值得信賴，所謂「能言善辯，只是令人討厭」，一味急著收訂金或斡旋金，而不探討客戶需求，是絕對難以達成交易的。

(5) 銷售法則

　　當顧客出現購買信號時，應採用下列模式促使成交。

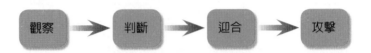

觀察　▶　判斷　▶　迎合　▶　攻擊

　　作為一個業務人員，對產品的性質、規格、效能、對顧客的好處等，都了解得很清楚，所以往往急著向顧客推銷產品，但是，成功的銷售人員不會急著推銷自己的產品，相反地，他們懂得引起顧客的好奇心，問適當的問題，仔細聆聽，引導顧客說出需求，肯定對方的想法，讓對方相信自己，進而達成銷售的目的。

　　所有銷售的目的都是為了成功達成交易，如果在過程中能夠獲得顧客善意的回應，就等於大大地朝向成功邁進了一大步，因此，先不要忙著賣東西，不妨先透過觀察其言，再判斷其行，然後才向顧客提出適當的問題，獲得他們善意的回應，進而展開最後的攻擊，完成交易。許多業務都知道，對首次看屋客戶，拚命地推銷物件，急於向客戶收斡旋金，不見得會有什麼好效果，這些突如其來的打擾，常常造成顧客心中的不自在，也得不到顧客善意的回應。

2. AIDMA 法則與銷售促進

　　AIDMA 法則是銷售促進活動中誘發消費者購買所採取之五個手段，是指消費者從看到廣告，到發生購物行為之間，動態式地引導其心理過程，並將其順序模式化的一種法

則。

　　其過程是首先消費者注意到（Attention）該廣告，其次感到興趣（Interest）而閱讀下去，再者產生想買來試一試的欲望（Desire），然後記住（Memory）該廣告的內容，最後產生購買行為（Action）。這種廣告發生功效而引導消費者產生的心理變化，就稱為AIDMA法則。

- 注意（Attention）
- 興趣（Interest）
- 需求（Desire）
- 記憶（Memory）
- 行動（Action）

AIDMA 法則

超強房地產行銷術

AIDMA 法則與售屋者行為分析

• AIDMA

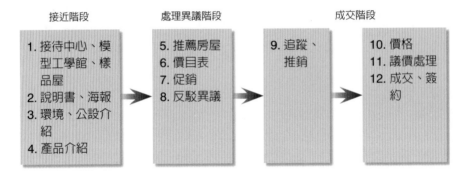

| 注意
(Attention) | 興趣
(Interest) | 需求
(Desire) | 記憶
(Memory) | 購買
(Action) |

• 售屋者行動

引起注意 → 產生看屋興趣 → 產生購屋需求 → 信任 → 成交

• 客戶介紹
• 廣告活動

接近階段	處理異議階段		成交階段
1. 接待中心、模型工學館、樣品屋 2. 說明書、海報 3. 環境、公設介紹 4. 產品介紹	5. 推薦房屋 6. 價目表 7. 促銷 8. 反駁異議	9. 追蹤、推銷	10. 價格 11. 議價處理 12. 成交、簽約

銷售人員心理建設

　　顧客的口味一直在變，有時偏好豪華舒適的大坪數住宅，有時又喜歡出租及自用兩相宜的小坪數住宅；有時候想要外觀、中庭氣派奢華，有時候又愛好日式簡約風格，更挑剔的，還要高貴不貴……，只要產品稍稍不符合他們的期待，就別想獲得他們的滿意，然而，顧客是我們的衣食父母，還是得想辦法讓他們滿意才行。處在競爭激烈的時代，誰愈貼近顧客，誰愈了解顧客，愈

重視顧客滿意度,那麼誰就是市場上的贏家。

一、其實你懂顧客的心

成功的行銷是由熱忱的服務態度、專業的產品知識與優秀的導引話術所構成。過與不及都不好,不可太過自信而妄自尊大,要給顧客說話的機會,不可任意打斷顧客的言語;記住:你是客戶的顧問而非老師!

1. 滿足客戶需求

   需求的定義:需求乃是幫助顧客實現從無到有的欲望或想法。如坪數、大小環境、產品規劃優點、通風採光、建材設備、動線、座向等。

2. 機會在哪裡?

   幫助客戶解決問題或困難,機會就來了。

3. 「價值」超過「價位」

   不動產價格的決定,不是靠交易量多寡,最終還是要看有無「價值」,真的有「價值」,才會有好的「價格」,當物件的「價值」超過「價位」,客戶就會心動,最後就會行動,所以如何塑造房屋的價值就是行銷人員應做的功課了。

二、銷售真的很簡單!

1. 問題的解決

   (1) 專業知識:法令、過戶、貸款、稅務等知識。

   (2) 銷售技巧:談判、議價、簽約、委託等。

   (3) 行為美學:良好的溝通能力及給客戶的態度、熱心、誠意等。

2. 愉快的感受

(1) 五感行銷：視覺、味覺、聽覺、觸覺、嗅覺五感的印象及滿意度。客戶更能感覺到產品的優點。

(2) 情境銷售：現場的感受，如公設、大廳、宴會廳、健身房、中庭花園等。

(3) 體驗行銷：試用後的感覺，如現場接觸後才知百萬廚具的實用性及公共設施的豪華與氣派。

3. 問題的解決＋愉快的感受＝銷售成功

解決了客戶住的問題，又能獲得銷售人員賓至如歸的款待，成功當然非你莫屬。

學會以上技巧，早日成為行銷達人。

三、房屋銷售要有基本功

頂尖業務員不見得能賣任何東西，非常擅長賣高級汽車產品的業務員不一定能夠賣房地產，每個產品有不同的產業特性，「隔行如隔山」，業務員最重要的是，找到適合自己的銷售工作。

成功的業務高手，很少有患得患失的心理，熱忱的服務態度、專業的產品知識與優秀的導引話術，這是行銷人員所需具備的最基本功，才能活用以下的銷售技巧：

1. 黃金帶看導引路線：現場的銷售路線要事先規劃演練、安排、統一，避開嫌棄設施，提前到現場去觀察環境，經過規劃演練帶看行程，才不至於浪費客戶太多帶看時間，所以稱為黃金帶看路線。

2. 鑽石銷售魅力話術：銷售使用的話語需夠專業，且讓客戶一

聽就懂，對客戶的心理要掌握的清楚，打開其心結，替客戶找出心目中最有價值的房屋。

善用發問技巧

史上最好的推銷員，都是先從問題開始，而不是一見到客人就拼命的推銷；也就是說，一般業務員只要看黑影就開槍，也不想想子彈也要成本，掃射了半天，連一隻鳥都沒打到。

懂得問問題的談判專家或推銷員，等於冷靜的狙擊手，他會先丟出幾個石頭，讓對方先開槍，暴露自己的方位，再瞄準對方的死穴，輕輕扣扳機讓人一槍斃命。

一、善用發問技巧的基本目標

和顧客談話時，第一個階段的任務是吸引顧客的好奇心，讓顧客對我們說的話感到興趣，有幾個方式可以參考，例如：運用有宣告性的話語，像是「你猜去年捷運通車後，這裡房價漲了多少？」

銷售人員採用發問技巧時，必須掌握住「有助於成交目的」的基本目標，發問的問題必須能夠：

1. 激勵購屋者的購買欲望。
2. 取得購屋者的需求、偏好、個性等資訊。
3. 吸引購屋者繼續談話的念頭，掌控情勢。
4. 以能夠達成成交目的為重點。

二、MACK 原則

1. Make questions brief（詢問問題須扼要）。

2. Avoid yes or no answers（避免「是」或「不是」答案之問題）。

3. Confine questions to a topic（將問題鎖住單純主題）。

4. Keep to simple words（維持簡短有力之字句）。

「MACK 原則」是銷售人員採用簡短有力之堅定字句、扼要的詢問單純主題之問題，但要避免答案為「是」或「不是」之問題。

1. Make questions brief（詢問問題須扼要）

「問問看」往往是最好的方式，可以探知對方的需求，才不會浪費時間在顧客不感興趣的地方，抓不到重點。在剛開始進行銷售時，還可能遇到一種狀況，就是顧客常常「為反對而反對」，當你說這件東西好時，他就指不好的地方來抱怨，所以最好的方式就是先詢問他的意見。

(1) 這樣好的房子還考慮什麼？告訴我？

(2) 是不是價錢問題？自備款不足？

(3) 你認為居家環境是否太吵？私密性更要講究？

• 不要將問題複雜化，容易造成交易雙方困擾。

• 將問題加以簡化，容易讓購屋者回答，也容易切入談話主題及掌握你想得知的答案。

2. Avoid yes or no answers（避免「是」或「不是」答案之問題）

封閉式提問就是用「是」或「不是」回答問題，例如：「你

覺得這個房屋的格局好嗎?」反之,開放式提問就無法僅以「是」或「不是」回答問題。如前句改爲「你認爲什麼樣的格局才是你心中理想的格局?」開放式提問給予對話繼續開展的空間,也能讓談話對象敞開心胸,聽到客戶的眞心話。

- 例如:如果你要問購屋者:「您目前住的房子有幾房?」,倒不如問:「您需要幾個房間的房屋?」。
- 例外情況:當客戶直接進入接待中心時,可以適時詢問:「您住附近嗎?」、「您是看到今天○○○報的廣告才來看房子嗎?」、「您需要幾房、幾坪的房子?」、「您需要哪一個方向的房子?」。

3. Confine questions to a topic(將問題鎖住單純主題)

告訴顧客擁有我們的產品或服務後,會擁有的部分好處。

(1) 未來這邊要建○○○,建好後房地產會增值數倍。

(2) 又要調整公告地價、公告現值,未來房地大漲,現在買正是時候。

(3) 要調高房價了,再考慮您會買到更高價。

- 避免將兩個問題連結在一起發問,這種複雜化的詢問方式,會使對方必須一次回答兩個答案,容易讓人抓不住主題。

4. Keep to simple words(維持簡短有力之字句)

(1) 最後的期限到今天。

(2) 最後的一間,沒有其他的了。

(3) 最後的讓步,最便宜的了。

(4) 錯過機會不再來。

- 使用堅定語氣、扼要的說明產品的內容，是房屋銷售的重點，不要賣弄專業話術或教育客戶。
- 要切記留下客戶基本資料，並預留下次成交機會。

三、問題的歸類

就詢問重點的歸類（須從客戶口中知道的基本資料）：

購屋者職業、所得、經濟狀況、家庭人數，購屋者社會階層、文化，購屋者購買動機、購屋者需求、購屋者房屋偏好。

就詢問重點的歸類，須從客戶口中知道的基本資料：

1. 目前居住地、交通工具、坪數需求。（目前居住環境優缺點）
2. 工作地點與職務。（交通往返所需時間、收入）
3. 經濟能力。（自備款與銀貸負擔）
4. 誰具有決定權？（自有或借貸，還是父母供應）
5. 能否認同產品？（是否在比較行情）
6. 用途（自住、換屋或投資）。（對症下藥）
7. 客戶難以下訂的真正原因。（價位、總價、坪數、負擔能力）
8. 希望成交價格。（知己知彼、百戰百勝）
9. 是否有帶現金或支票？（是否能當場補足）
10. 房子看了多久？（是否在比較行情）
11. 是否有喜歡特定座向及樓層。（個人或家庭因素／為何要特定樓層）
12. 資金來源。（自有或借貸，還是父母資助）
13. 付款方式是否能接受？（是否解定存？）

14. 爲何喜歡此地點？（地段的特色）

15. 家中人口。（需要房間數）

16. 是否有比較其他產品？

四、客戶問題的歸類

就詢問性質的歸類如下：

(一) 取得情報的問題

我們常說：「知己知彼，百戰不殆。」銷售人員之所以被客戶拒之門外，一個很重要的原因是對客戶所知甚少，沒有準確的了解目標顧客的相關資訊。所以，優秀的銷售人員不僅要對自身公司所售的產品、以及競爭對手的情況進行必要了解，還要全面性地了解自己的客戶。取得客戶的基本資料是銷售人員推銷的前提。基本資料包括：客戶的姓名、年齡、職業、喜好、家庭收入水準、子女情況、潛在需求以及是否有購買決策權等。以下是蒐集客戶資料常用的方法：

時機	詢問重點	對策
接待階段	1. 購屋者職業、所得、經濟狀況	1. 向購屋者收取名片來加以判斷 2. 詢問購屋者居住何處來做判斷
	2. 購屋者家庭人數	1. 詢問「您需要幾房幾廳、幾坪的房子」，做出基本判斷 2. 介紹產品，將次臥室說成「小孩房」，來誘導對方說出家庭人數之問題
	3. 購屋者購屋動機	1. 直接詢問：「您是投資或自住？」 2. 詢問：「您對本區域房地產的看法如何？」，引導對方說出購屋動機

時機	詢問重點	對策
展示階段	4. 購屋者需求	1. 直接詢問：「您需要幾房幾廳、幾坪的房子？」 2. 直接詢問：「您的購屋預算有多少？」
	5. 購屋者偏好	1. 直接詢問：「您喜歡朝南或朝北的房子？」 2. 直接詢問：「您喜歡邊間或不是邊間？」

(二) 開放式問題

　　有些時候客戶自己也不清楚自己的需求，銷售人員讓客戶比較深入談論自己的看法，就可以從客戶的回答中找出重點，是一個進可攻、退可守的策略。開放式問題一般會出現以下的疑問詞，例如：「為什麼」、「如何」、「哪些」等。

- 例如：為什麼不下訂？考慮什麼問題？說出來，我幫你！
- 許多名人都住在附近，如○○○、×××等，您不覺得這附近的住家格調很高嗎？
- 是不是價錢問題？自備款不足？不是嗎？

(三) 反射式問題

　　客戶有時參觀過太多工地，資料蒐集太多又無從判斷起，如果不用一些激將法，客戶不會理性的思考問題，所以採取迂迴詢問技巧，就是刺激購屋者知覺，喚起購屋者思考最重要的問題。

- 例如：剩下的這一間最好，您比較那麼久了，再不決定會立刻被買走。
- 您怎麼會出這種「連成本都不夠」的價格呢？我將成本分析

給您看。

- 您看隔壁的客人也在看這一戶，不趕快決定會後悔的，好房子不多、中意的好房子更少，您說是嗎？

(四) 誘導對方做決策的問題

假設客戶會購買您的產品，而不是一直想著客戶不會買。還可以利用二擇一法讓客戶決定，誘導購屋者進入我方早已設計之回答中：

- 例如：您是付現，還是刷卡？
- 您身上帶了幾萬元下訂？
- 「您喜歡 A 棟的 3 樓？或是 B 棟的 5 樓呢？」
- 我們將調高價格，再考慮下去，您會買到更高價的。

五、銷售上您將傳遞那些訊息給客戶

1. 挑 5 戶自認最好賣的，稀有性及唯一性在哪裡。
2. 本案的優點有哪些，您要如何轉換為客戶切身的好處。
3. 本案的缺點有哪些，您要如何讓客戶認同而不是說服。
4. 不二價對客戶有哪些好處？
5. 做客戶的購屋顧問，做區域個案的比較。
6. 如果客戶住在這裡，您將如何教客戶過一天的生活。
7. 我們的房子為何較容易增值，有哪些優缺點。
8. 擁有適合的房子比買便宜的房子重要。
9. 如何將市場上的產品很清楚的告訴客戶，個案對客戶有什麼好處。
10. 告訴客戶本案的唯一性及稀有性。

11. 告訴客戶買到的不是一間房子，而是一個社區。

12. 完善的安全管理爲何？

成交的動力在於眞誠的幫助客戶解決問題，使客戶獲得最大的利益。如果業務爲了達到成交只顧自己的利益，客戶從你眼中看到的是一個愛錢的生意人。若能站在客戶的立場，用同理心去和客戶溝通，提出客戶喜歡的方案，向客戶證明你的產品是他想要的，幫助客戶做最好的決定，解決他們的問題。讓客戶對你的服務感到驚喜，這才是業務員應有的態度。

六、認識你的顧客

世界上好顧客多得是，這個不行，另一個在等著你呢，莊稼不收年年種，總有風調雨順年，並且胸有成竹，總是懷著征服頑固客戶的信心。這樣，你所遇到的眞正拒絕者愈來愈少，成功率愈來愈高。

(一) 推銷是從拒絕開始

美國頂尖保險員法蘭克‧貝特格（Frank Bettger）在累積了5,000 次拜訪客戶的經驗中，統計歸納出一項結果：「顧客拒絕購買的理由，只有 38% 是眞的。」所以，對業務員來說，眞正重要的不是如何一次就說服顧客下單，而是遭受拒絕時應如何應對，引導客戶說出「不買的眞正原因」。以下是現場業務員最容易碰到的狀況：

- 我得考慮一下。
- 我還沒有準備好。
- 我必須等一段時間好好想想。

- 購屋者第幾次會決定購買？

不要害怕被拒絕，拒絕會給你帶來智慧，如果你對拒絕表示懦弱，懦弱會帶來更大的懦弱，所以，顧客對你的各種拒絕，其實是對你的肯定和褒揚，因為你可以從覺察與面對開始，從開放與接納中，脫困而出，成為一位無往不利的贏家。

(二) 嫌貨才是買貨人

面對顧客否定產品、拒絕你的要求時，最好能先從容地贊同客戶的想法，以此作為緩衝，這樣可以使你有策略地反對他們的意見而不會引起爭議，切忌一被拒絕就據理力爭，這只會惹惱客戶，扼殺成交的可能性。「贏了口頭，輸了口袋」是最划不來的事。

嫌貨才是買貨人、挑剔是客戶購買產品的前提

業務員不能只是一味地向顧客推銷產品，要讓顧客相信，購買你的產品才是對他們最有利的。在做到這件事之前，你必須先了解，顧客要的是什麼？當然沒有一個客戶會告訴你真正的原因是什麼，所以業務人員可以旁敲側擊，比如說：「很多客戶都有各種不同的考慮因素，不知道您考慮的因素是什麼？」、「您告訴我……但我想您可能還有別的意思」。

有經驗的業務員介紹產品優點時，通常會採取四種策略：

1. 絕口不提缺點，堅定信心回應

業務人員必須要具有商品、業務及其有關的知識，告訴消費者購買產品會得到什麼樣的利益與好處，避免客戶只注意產品缺點，卻不知產品本身更多的特色。如能提供產品保

證書、顧客寫的見證信、媒體的相關報導，更能增加客戶的信心。

2. 輕鬆閒聊發現客戶心中抗性

以朋友的方式與客戶交談，傾聽客戶說話，從對方話語中了解其個性、思考方式與需求，再以此進行銷售提案的安排與規劃，讓顧客感受「這物件是為我特選的」，減少顧客初次見面的抗性。

3. 挖掘客戶需求、個性、動機，再予以重點突破

客戶之所以會心甘情願購買產品，最大的原因就是「需求」。同樣的道理，客戶會拒絕，是對你提供的產品或服務了解較少，或是對你提供的產品或服務不能滿足客戶的需求；所以身為業務員，你必須讓顧客知道這個產品有用、能解決顧客的真正問題，同時相信你、也喜歡你，才能讓客戶想要你的產品。

4. 讓客戶把問題一次說完，再回答

在介紹產品的過程中，客戶說出一個反對問題，你不必急於回答，你可以把所有的問題留在最後再處理，由於客戶會因為你馬上解決他的一個問題，立即又再延伸另一個問題，那樣永遠沒完沒了，問題處理不完。

不要急於一開始就解決客戶所有的問題，而是先確認客戶的所有問題後，再留到最後加以解決那最重要的關鍵問題。

遭到拒絕時，大多數人只是簡單地接受。記住：永遠不要輕言放棄，當你聽到「不」時，正是開始奮力爭取的時候。接受痛苦，才能在痛苦中培養更強接受拒絕的能力，當

你的接受拒絕的能力持續擴增時，任何為難、異議和反對都
難不倒你。

(三) 如何處理顧客的拒絕

　　當客戶提及產品、價位或其他負面批評時，就表示對產品有
興趣，是促成交易最好的契機。因此，業務員應盡可能把握客戶
每次發言的機會，確認顧客交易的意願，制定詳細的說服計畫，
面對客戶更加胸有成竹，談話才會遊刃有餘，不至於對突發狀況
措手不及，也不至於使談話偏離方向，遠離成功交易，可以採取
四種策略：

1. 優質詢問法：要求潛在顧客具體說明，以了解其真實理由
「把問題反丟回給顧客，藉以探知其異議的真正意
圖」。「您怎麼會這麼認為……」、「您希望我們多久時間
可以完成交屋」、「您為什麼會覺得價格太貴……」，以引
導客戶說出真正的原因，業務才可以藉此解決問題。

2. 直接面對法：要求潛在顧客聽取後續說明，以證實其拒絕理
由不存在，「直接告訴顧客：你的想法是不對的」。「昨天
的顧客出價 800 萬屋主都不賣了，更何況 780 萬呢？」直接
的、立即的，以堅定有信心之語氣指正其批評，惟要注意談
話的口氣，避免引起雙方尷尬的場面，要懂得圓場，會攻也
會守。

3. 跳躍式回答法：設法將拒絕理由轉化成產品利益或購買
理由。不理會顧客的異議，直接跳至下一個攻擊步驟。

4. 先支持再講解法：當客戶提出反對意見時，應該先同意他的
看法，然後再提出自己的建議，客戶會覺得很受尊重，你先

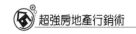

尊重他，反之客戶也會尊重你的專業及講法。

　　當您提出後，立即強調本產品之其他眾多優點，即可軟化或轉移購屋者的態度。當客戶批評價格太貴時，你可以從建材的內容、地段的差異、售後服務的保證，轉移其對價格的抗性，讓他忘了心中的抗性，轉而注意其他焦點。

(四) 看透顧客的拒絕

　　顧客說：「我拒絕」，這是他的真實意願嗎？還是一個緩兵之計？還是一句謊言？真正的拒絕是不多的，大多數拒絕只是一種拖延！所以，在推銷洽談的過程中，推銷員要清楚了解客戶拒絕的真正原因在哪裡。

購屋者經常提出之產品批評項目

　1. 貸款利率過高，每月償還金額壓力過重。

　2. 自備款成數過高。

　3. 價格比附近工地個案還高。

　4. 產品缺點（格局、採光）。

　5. 交通不便，離上班地點太遠，小孩上學不方便。

　6. 大小環境缺點。

　7. 鄰居水準太低。

　8. 公司信譽問題。

　9. 經濟景氣問題（租房子比買房子好）。

　10. 管理費太貴，公設比太高。

購屋者的批評及拒絕理由

　　沒有一個業務員不曾被客戶拒絕的，當你要求客戶下訂金購

買時，在客戶還沒下定決心購買產品之前，會提及產品、價位或其他負面因素的反對問題，並提出以下理由來拒絕：

1. 不需要，目前沒預算！尚未準備購屋。
2. 繼續租房子，過一陣子再打算。
3. 最近很忙！改天再說！
4. 必須開家庭會議再考慮。
5. 等利率降低時，再考慮購買。
6. 已經買了別家公司的房屋。
7. 很感興趣，但價格超出預期。
8. 我把資料帶回去，需要時會再跟你聯絡。
9. 房價太高，在等價格下跌……。
10. 現在不景氣，以後再說吧！
11. 能不能算便宜一點？

如能把客戶「反對問題」換成「關心的領域」，就容易掌握其要點，最後你會發現最終只有一個「關心的領域」，那就是錢，錢對於客戶來說只是意願和決心罷了。

(五) 化解客戶拒絕的方法

如何化解客戶的拒絕

促成交易的關鍵在於真誠和自信的態度，當你發現客戶釋出購買訊息，只需要相信自己的判斷力，運用自己多年的專業能力，並且相信客戶會購買產品，就可以順勢而為，化解客戶拒絕。

應答話術

1. 貸款每月償還金額壓力過重

    (1) 過戶後可辦理前 3 年只支付利息，不償還本金方式。

    (2) 可辦優惠貸款及 30 年長期低利貸款。

    (3) 比較每月償還銀貸金額與每月所繳房租，還是購屋比較有利。

2. 自備款過高

    (1) 大樓工程期較長，每期工程款所繳金額不高。

    (2) 配合客戶付款能力，將工程期款適度拉長。

    (3) 再推薦自備款較少戶別或增加銀行貸款金額。

3. 價格過高

    (1) 分析營建成本、土地成本、稅金、經營成本內容，只賺合理利潤。

    (2) 詢問客戶與附近何個案競品做比較。

    (3) 提出客戶已成交事證。

    (4) 提出加價公文或假價目表。

4. 產品缺點

    (1) 對症下藥，以堅定語氣反駁，並立即強調本個案其他眾多優點或特殊優點。

    (2) 帶看樣品屋，從設計角度克服缺點。

    (3) 提供設計師，為其量身設計。

5. 鄰居水準太低

    (1) 反問法（跟您現在住的鄰居比呢？）。

    (2) 百萬買屋、千萬買鄰。

6. 尚未準備購屋

  (1) 反問法（看那麼久了，您還在觀望嗎？）。

  (2) 強調本案產品優點。

  (3) 房價預期上漲。

  (4) 強調強銷熱購。

  (5) 給予數天考慮。

  (6) 錯過沒機會了。

    被拒絕當然會氣餒，但是與其浪費時間哀悼自己的失敗，不如鼓起勇氣走向下一個可能買單的客戶，被拒絕真的沒有什麼大不了！

(六) 如何應付不提出批評的客戶

這類型的顧客通常最讓業務人員感到挫折，因為他們不會提出問題，也不會表現興趣。其實，顧客有時候是因為不太了解產品，所以不敢多問，或者他們早有盤算，只是在做最後的比較。面對這類安靜型的顧客，可以主動表現出善意跟誠意，引導出他們的需求。

- 正常心態面對批評。
- 不表示意見，通常可以視為尚無進一步談判的客戶。
- 業務人員未能詳細有力的表達，導致連批評的興趣都沒有。
- 例外情況：理性購屋者通常採取「多看、多比較、少說、多聽」的態度看房子，採取防衛措施。

    舉例說明，假設你想採取迂迴方式表達亞洲新灣區房屋增值潛力大於美術館地區，你會採取何種遊說方式？

- 亞洲新灣區租金高於美術館。
- 許多白領階層以亞洲新灣區作為購屋目標。
- 亞洲新灣區房價水準低於美術館，因政府大力投資開發，增值潛力大於美術館。
- 純粹依投資觀點而言，購買亞洲新灣區房子租給房客，租金收益高。
- 亞洲新灣區的房子，以本案優點最多，價位最合理，最值得購買。

客戶嫌貴時的因應原則

在推銷過程中，價格的問題總是很敏感。許多推銷總是因為在價格方面雙方討論不出結果，最終不能成功締約。故業務員應掌握產品成本分析的策略，並向客戶說明，單純以價格來進行購買決策是不全面的，你會忽略品質、服務、產品附加價值等，化解客戶對價格的抗性。

1. 切勿馬上為價格提出辯護。
2. 設法探索客戶的「太貴」是什麼意思。
3. 你可以採取的反應：
   →表現出稍微有點受傷的樣子、沉默一下。
   →提出「為什麼」的反問。
   →相對性問題：比什麼太貴？
   →說明「一分錢、一分貨」。

拒絕在推銷中的意義

1. 可以察覺出客戶熱衷的程度。

2. 客戶主要的興趣點。

3. 競爭環境的狀況。

4. 可視為「購買的訊號」。

　　未來的工作，有人預言將有 70% 的工作被電腦取代，但最重要的是那掌握成功關鍵的 30%，這關鍵的 30%，就是勇敢地面對拒絕的能力，記住：這是無法被取代的部分。

(七) 應付客戶拒絕的技巧

1. 原則

(1) 注意聽，仔細觀察，了解事實，不要急著去反駁或爭辯，辨別型態，再決定處理技巧。

(2) 不要被客戶左右你的看法或情緒。

(3) 善用情勢，順其自然。

2. 技巧

(1) Yes…but：「是的，但是……」這是至理名言。先認同客戶的觀點，再說出我們的看法；例如：「是的，陳先生，您說我們的房價比別人每坪高出一萬元，但是我們有比他們更好的建材設備，如耐震功能、綠能，這些功能每年可以節省好幾十萬，節能省碳又環保愛地球，一舉數得。」。

(2) 善用問的技巧

• 開放式問法：「請問李先生，您對坐北朝南這一棟看法如何？您比較喜歡哪一個樓層？」。

• 封閉式問法：「請問許先生，您認為方位比較優先考慮？還是樓層？」、「請問蔡先生，您今天下訂

是付現還是刷卡？」。

- 假設語句：「林先生，假如我有一戶既能在座向符合您的需求，又能在樓層上有您想要的樓層，可以讓我介紹一下嗎？」。

(3) 回力球法：回力球乃是打到牆壁就彈回來，這也是一般業務人員最欠缺的「反問法」。一般來講，我們都不敢反問客戶，其實反問有時候可以發掘問題、解決問題。例如：「請問吳先生，您說我們的價格比別人高，請問他們開給您的價格是多少呢？」、「請問陳先生，您說要考慮一下，請問您是考慮價格還是考慮付款呢？」。

(4) 打預防針法：此法最常用在保護優先看我們個案的客戶，加強心理建設和正確觀念，以防止受到其他競爭個案的干擾。例如：「林小姐，您想買豪宅，那一定要注意五個要件——珍貴、稀有、獨特、難得、唯一，如果沒有這些要件，那就稱不上豪宅。」。

(5) 區別異議法：此法乃是把競爭者的產品與自己比較，逐一列出說明，我們常用十字架法，例如：

我方（A）	競爭者（Q）
是的，我們是比他們貴 10%，但是我們有比他更好的地方，如○○功能（Yes…but）	比我們便宜 10%（比價格）
請看，我們所有的合約都是保固三年（佐證法）	保固一年（比售後服務）
我們也可以一年內交屋，我們寧願一年半才交屋，因為我們重視品質按部就班，經過內部驗屋才交屋（二選一）	日夜趕工一年交屋（比交屋時間）

(6) 避重就輕法：不是不回應客戶的問題，而是選有把握的
先回答。

(7) 以進為退法：遇到對方在價格上一直堅持要殺價時，我
方可以適時提出要求，而達成交易。「是不是如您說的
價格，現在就可以決定下訂單？」。

(8) 單刀直入法：「張董，您看是不是直接看 100 坪的頂樓
那一戶？」或「張董，這一戶 A3 頂樓最適合您的身分
地位，不要猶豫了，您的眼光是正確的。」。
總之，克服拒絕是一門相當不容易的技巧，拒絕並不可
怕，可怕的在於你自己毫無應變能力，「師父引進門，
修行在個人」，最重要仍在於平時多練習、多準備、多
思考才是上策。

(9) 眼見為憑法：用實際成交的案例，秀給客戶看你的成交
經驗。

(10) 聲東擊西法：如果客戶提出反對意見時，無法即時回答
或解決時，不妨跟客戶請教專業，讓他感覺備受尊重及
崇拜。

你能不能實踐夢想，關鍵就落在你擁有與人良好互動的態度
之上，而態度就來自於勇敢地面對拒絕，堅強的自信、足夠的熱
忱與絕對的抗壓性，在不停的變革互動中，永無休止地成長，每
天進步一點點，築夢踏實！

議價談判技巧

在價格談判的拉鋸戰中，千萬小心，不要使自己讓步的方式有跡可循。有些客戶在議價的開始就向你表態：「我們不喜歡討價還價」，這位客戶說的絕不是實話；相反的，他對議價愛不釋手，這樣的表態是希望能在一開始就取得最優惠的條件。

一、議價目標是達成滿意價位

1. 議價技巧成功即代表接近成交臨門一腳

由於房地產市場資訊的不透明性，正確資訊難以取得，媒體成篇報導房地產致富的故事，但房價下跌時，媒體卻是靜悄悄的，造成民眾選擇性記憶，誤以為房地產漲多跌少，甚至只漲不跌，面對此無效率的市場，仲介人員或代銷公司售屋人員就有很大的炒作空間，所以工地現場銷售必須仰賴售屋人員的議價能力及談判技巧，來達成雙方滿意的成交價位，但是 2012 年 6 月實施「實價登記」後，消費者的買賣資訊將非常透明，對仲介人員來說，可操作的空間難度較高，預售市場則比較有機會將「議價」作為促銷手段，讓買方付出時間及精力來爭取其理想的價格。

- 成功的銷售人員絕對是一個成功的議價者。
- 買賣雙方都處於一個高度、無效率的市場。
- 每間房屋都具備不同的條件（個別性、差異性），使得房價難以產生合理的比較。
- 不要以客戶出價作為價格談判的基礎，目的在掌握主控權。

- 買賣雙方難以取得市場資訊及房價資料，自然需要銷售人員的專業介入溝通，故有其存在的理由。
- 銷售人員的工作目標是達成買賣雙方彼此都滿意的價位。

2. 議價技巧的重點是讓買賣雙方彼此都自認為是價位贏家

銷售人員在與客戶商討價格問題之前，應該盡可能地深入了解、摸清客戶可以接受的底線，將雙方的底線做交集，找到共同平衡點，所以售屋工作是達成買賣雙方彼此滿意之價位的一種過程，也是售屋人員希望達到的「議價目標」；我們都知道一分錢一分貨，當客戶了解產品在同類產品中比較出的優點、效用之後，他們自然會認同產品的價值，淡化產品價格的異議，對價格的堅持度就容易受銷售人員的影響，銷售人員也不應輕易讓價，除非對方已帶足訂金，且議完價格則需馬上補足付出訂金，表示雙方皆爭取得很辛苦，有得來不易的感覺。

業務切記：你必須讓買賣雙方彼此都覺得自己是價位談判的贏家，買家自認自己買到便宜房屋，而賣家也自認自己賣了好價錢。

議價關鍵：將議價作為一種促銷手段，讓買方付出時間及精力來爭取。

議價重點：讓客戶爭取成交價，過程雖辛苦，但結果卻是很甘甜，必須讓買方感覺確實是買到最低價。

二、議價與吊價技巧

1. 銷售人員的議價角色
   (1) 銷售人員在議價過程中，必須扮演仲介者的角色，換句話說，你不是價格決策的決定者。

(2) 你可以採取替客戶爭取「成交價」（對方滿意但在底價之上的成交價）之促銷手段，來要求客戶相對的付出條件。

(3) 銷售人員都是替賣方服務，所以要考慮到賣方的權益，將房屋賣個好價碼。

(4) 而買方則期望自己能夠以最低價位成交，尤其是爭取到賣方忍痛讓價，同時又讓賣方以心目中最高價成交，更是無比痛快。

2. 調價與讓價促銷

讓買賣雙方皆感到雙贏的場面，箇中祕訣，就在於「吊價技巧」以及「將讓價作為促銷條件」之重點，客戶在購買產品時，既想買到品質好的產品，同時又要經濟實惠，所以經常花大量的時間在價格溝通上，價格商討雖然很困難，也是有方法進行的，以下吊價技巧則是可運用的方法。

「吊」，是拉高之意。吊價，就是拉高成交價位，也是藉由買方爭取成交價格的心理，來吊足買方胃口之意。

3. 議價四部曲

當客戶認為「產品價格」高於「產品價值」，買賣雙方便會展開一場諜對諜的價格談判。業務員可預先設好「退讓額度」，並以逐漸減少讓步的方式，漸次在價格談判中掌握勝算，使對方了解這已是最佳的交易條件。

(1) 確定買方非常喜歡本產品，且產品符合他的需求時，即可引導買方出價。

(2) 不接受客戶的第一次提議：當買方出價時，第一次吊價。不論買方第一次出價多少，一定要加以拒絕，採取

吊價策略是必要之舉。

(3) 只在有回報的情況下讓步：買方第二次出價，第二次吊價。當買方第二次出價時，仍應採取吊價作業，至於是否要再採取第三次吊價或予以成交，則應視狀況而定（除非客戶繼續讓步）。

正確的讓價方式：30→10→5→3→1 退讓金額逐次降低，但仍須高出底價，每次都讓買主認為這是最好的價格。

(4) 將讓價成交，作為一種促銷手段。當買方在爭取成交價格時，顯得非常喜歡本產品或很急迫時，通常可以確定已經到達成交邊緣，宜收足訂金，儘早簽約為上策。

議價四部曲過程

1. 引導買方出價。
2. 吊價（判斷談判強弱度）。
3. 讓價（判斷談判接受度）。
4. 成交（發揮成交談判影響力）。

4. 談判權限

(1) 銷售人員在使用議價技巧時，可以扮演「沒有直接權限」的代理人角色。

(2) 不論如何，承認自己並沒有權力答應成交價位（權限不足），往往讓買方不敢妄求更進一步的條件。

(3) 不要代表公司談判：不要以公司為談判個體，應以個人為單位。

三、議價與談判的原則與程序

就預售屋而言，議價談判的目標是預期在底價之上的價格成交。就中古屋而言，議價談判的目標是買賣雙方彼此滿意的成交價位。

1. 買賣雙方達成成交價位高低必須依賴下列因素

價格的高低取決於客戶對產品的認可程度，只有提供給客戶真正需要的產品，他們才會覺得物超所值，願意為自己的需求買單。在我們觸及價格問題之前，要先掌握客戶的需求點，為他們提供實際需要的產品或服務，讓客戶對產品價值給予極大的肯定。重價值、輕價格的銷售策略十分有效，銷售人員要學會運用這些技巧。

- 銷售人員的接待、展示技巧是否高超。
- 購屋者是否對您的產品產生興趣。
- 購屋者是否喜歡您的產品。
- 您所推薦的房屋是否合乎購屋者的需求。
- 買賣雙方的議價能力。
- 銷售人員的預先準備是否周全。
- 其他競爭產品對於買方的吸引力。
- 買方與賣方的動機。
- 多說產品價值，少說價格。

2. 銷售人員議價的掌握重點

貪圖便宜是人們的普遍心理，客戶在購買產品時，既想買到品質好的產品，同時又想買得經濟實惠，所以經常在價格溝通階段出現異議。價格商討雖然很困難，但也是有方法進行的，這也

是達成交易的關鍵，我們可以運用以下方法來處理：

- 堅定語氣，強調產品優點。
- 堅定語氣，回應批評的產品缺點。
- 推銷商品先推銷人（自己）。
- 對價格具高度信心（先做好市場調查）。
- 信賴感、優先說服力。
- 第一次出價要立即拒絕。
- 確定客戶的價格底線。
- 議價要有理由。

議價談判的原則

1. 投桃報李：對方要求一個小小的讓步，你一定要要求同等的回報。提升所做讓步的價值感，以便日後討人情。
2. 每下愈況：讓步的方式會導致對方的期待。逐步縮小讓步的幅度，使對方了解這已是最佳的交易條件。
3. 略施小惠：要在最後關頭才可使用。關鍵在於讓步時機而非讓步的幅度，有時微乎其微的妥協，也可能帶來令人意想不到的效果。
4. 價格應等對方有準備現金時，才可最後敲定。
5. 談判結束時，即使對方的表現很差，還是別忘跟對方道賀（肯定對方）。

發揮成交談判影響力

　　依據心理學家的分析，銷售人員在進行談判時，須掌握六種談判影響力：

1. 專業的角色讓你贏得信賴感與吸引力

　　信賴感是建立長期買賣關係的關鍵之一，是業務人員和顧客之間打造一種雙方可以彼此信任的基礎，有了這種「信賴感」，顧客就會相信業務人員的承諾，進而購買他的產品。在任何產業裡，想要獲得長期的好業績，顧客的口碑與主動推薦是不可少的，而要讓顧客主動推薦特定的產品，信賴是關鍵的因素。

(1) 了解客戶需求

　　了解客戶需要什麼、想要什麼，扮演好自己的角色，取得客戶的信任，建立好互信基礎。

(2) 人脈運用

　　有關係、沒關係；沒關係、找關係，運用老客戶介紹新客戶，拉攏人脈。

(3) 永不放棄

　　世界上最成功的人，其實也是被拒絕最多的人，客戶可能一看再看三看才做決定，耐心也是最好的吸引力。

2. 熟悉市場動態

　　在一切銷售行動開始之前，就要將所有資訊做好充分的準備；充分的產品知識還能讓銷售人員表現的像個「專家」，在銷售時更具有勇氣與信心。

(1) 市場分析

　　蒐集與產品相關的資訊或報導，並比較其差異，找出有利於銷售的說服點，讓客戶能明顯看出產品的差異，增加銷售的說服力。如店鋪的銷售就要讓客戶了解

區域的人口發展、消費能力、租金行情及房價未來的增值性、區域的發展及商圈的移動，客戶才能從差異比較中做一正確的選擇。

(2) 反駁缺點

除非自己有相當的把握，否則直接指出客戶的錯誤容易傷害到客戶的自尊心，但有時若不直接指正客戶的錯誤，反而誤導客戶想法，如何旁徵博引來糾正客戶的觀念，也是一門技巧。

3. 黑白臉策略

善用自己的權限範圍，實施黑白臉策略，有時也會有意想不到的效果。

(1) 正派經營

先以高姿態面對顧客，讓其知道一分錢一分貨，不可亂殺價，再視情況讓步，讓客戶驚喜。

(2) 權限不足

客戶過度出價時，以退為進，告知須請示上級主管，臉露出有所困難之表情。

(3) 借力使力

有同業或仲介介紹客戶或客戶帶軍師看房子時，可借力使力，利益共享，互蒙其利。

4. 利益交換

對客戶提供各種利益交換條件，達成雙方皆想獲得的目標。

(1) 投桃報李

當買方出價至可出售的價格，切忌於客戶面前露出

喜色，應表示須向上級請示，並請客戶立即補足與儘速簽約。

(2) 運用群體力量

　　雙方議價到合理價格時，為讓客戶不再出價，為取信客戶，現場專案可拿出「高成交價位」假預約單、假銷控表或假合約書給買方看，讓客戶覺得撿到便宜的感覺。

5. 最後承諾

　　這是促成客戶早做決定的手法，機會稍縱即逝，不買可惜。

(1) 機會不再

　　讓買方知道，多人都在看此物件，你喜歡別人也喜歡，應盡快把握下訂。

(2) 心意堅決

　　堅決告訴客戶屋主最後讓價，讓客戶知道已無談判空間。

6. 恭喜客戶

　　成交後，千萬不要忘記向客戶致敬道賀，即使對方並沒有出到底價以下，你要讓對方覺得他是贏家。千萬不要得意洋洋地炫耀。談判從開口要求比預期的更多開始，接下來所有的策略都是以營造對方獲勝的感覺，最後以致敬道賀為整個談判畫下圓滿的句點。

成交締結的技巧

　　銷售就是要成交，沒有成交，再好的溝通過程也只能是風花雪月。在銷售人員的心中，除了成交，別無選擇。如果你在銷售過程中不懂得使用成交技巧，經常會是一場災難，因為大多數打算購買的顧客不會當場購買。所以，你得知道如何使用些成交技巧，以便獲得適當的承諾。

> **美國貿易代表署之「談判九誡」**
> 1. 凡事好商量：什麼都可以談。
> 2. 不要照著二手車車窗所貼的價格付款，多討價還價，不要立即達成協議。
> 3. 大餅先畫大一點，再逐步肯定，迂迴漸進。
> 4. 天下沒有白吃的午餐，多設想不同的狀況。
> 5. 慢慢開始，對談判要有耐心。
> 6. 善用法律的力量，同時也要小心。
> 7. 在談判結束時，適當地做小讓步。
> 8. 不斷尋覓其他可能替代的方案。
> 9. 讓對手覺得他們談判的能力還不錯。

一、成交的技術

　　經過現場多次的議價與談判過程後，緊接著就是如何掌握成交的技巧，尤其是當你假裝替客戶爭取到對方心目中的價格時，你必須採取利益交換，詢問客戶準備多少訂金，而且必須立即收

訂或馬上刷卡，以表示誠意，否則無法向老闆交代，並要面露委屈的表情，讓客戶知道已盡最大之力量，物超所值。

1. 買方看屋時心理狀態

    (1) 怕買貴、買錯產品。

    (2) 被騙。

    (3) 占便宜之心態。

    (4) 付款輕鬆。

    (5) 使用性適合。

    (6) 服務很好。

2. 5W2H 試探買方（鼓勵客戶繼續說下去）

蘇格拉底說：「說話吧！如此我才看得到你！」一位優秀的銷售員不僅是個好的說服者，也應是個好的傾聽者，有技巧的銷售員會問一些他早已知道答案的問題，提出問題比提出意見好，如此才能探求買方的真正需求與問題，「如何」、「為什麼」的問句，比「是或不是」更容易引起對話。

- What（什麼產品、房屋條件）。
- When（何時、房子找多久、有無急迫性）。
- Where（現住何地、有無指定地點）。
- Who（誰、誰決定）。
- Why（為何沒買、換屋動機）。
- How much（多少預算）。
- How can I do for you（我能為您做什麼呢？）。

銷售是用問的，不是說的。頂尖業務員花在比較多的時間在問客戶問題，而不是一直說，他們用問句來引起客戶的興趣，用

問句來銷售產品,用問句來引導客戶做決定,因為要問,才會了解對方在想什麼?

你不問客戶需要多少坪的房子,怎麼幫他推薦物件?

所以銷售不是演講,銷售是一連串引導客戶回答自己所想要的答案。如果你問得有技巧,客戶就會配合你,跟著你的節奏走,若是客戶不配合你,那是因為你問得不夠到位。

3. 採用詢問方式逐步達成成交目標

透過 5W2H 試探買方,從範圍大的問題開始問,然後再逐漸縮小問話範圍,以致最後的成交,所以銷售是用問的,不是說的,銷售是一連串問問題的熟練度,只要你把問的能力練到爐火純青,那麼成交對你來說簡直是易如反掌。

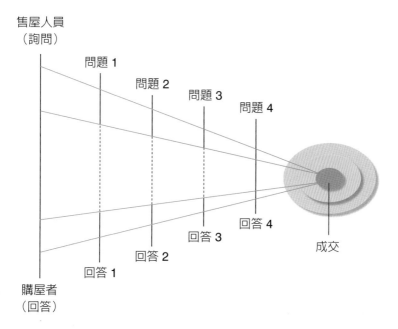

(1) 成交技巧的原則

一般銷售手法，都喜歡採用「黑白臉成交技巧」，成功率較高，也較爲簡單，但採用此法也需搭配其他手法，較能讓客人感到眞實。

① 成交技巧通常伴隨在議價過程之後。

② 銷售人員進入這個重要階段，必須沉著冷靜，避免節外生枝，以成交爲重點。

③ 使用黑白兩面成交法，應用談判策略中的「Give and Take」（給與取），給你最低的成交價位，就需立刻支付訂金回報，成功機率相當大。

④ 在過程中必須掌握一項重點，讓購屋者相信你會站在他的立場爲他著想，實際上銷售當然是以公司利益爲依歸。

⑤ 銷售人員在採取此種成交技巧時，可以事先擬定「成交之一般通則」教戰手冊，再因人制宜、隨機應變，靈活應用。

成交技巧：準備好一切應對措施

首先是要做好功課，不景氣時，業務員的業績壓力更大，許多人只好接觸更多的新顧客，這樣的結果造成業務員減少在每個顧客身上所花的時間，因而對顧客的了解不足，所以很難賣出產品。

第二是了解自己對顧客的功能，業務員必須讓顧客了解，他們花了錢買了公司的產品以後，能夠如何從中獲益，不景氣時，顧客更需要具體的成效。

　　第三是從小地方開始，不景氣時，大部分的顧客都不希望一次就決定大筆的支出，公司可以思考，如何能夠立刻賣出部分產品，例如：較短的合約期間或是可以先試用，這樣顧客比較容易點頭。

　　第四是幫助顧客，因為預算減少等原因，許多顧客會重新調整計畫，公司可以從這個角度出發，思考如何參與顧客的公司重建計畫，例如：與顧客分享其他公司因應不景氣的做法，積極扮演智囊的角色。

成交的臨門一腳

　　看透客戶心理，從他的真實需求出發，客戶也會透過肢體語言釋放某些訊號，當業務員能善用肢體語言，理解客戶言談之間的肢體訊息，就能有效掌握客戶心理，把握成交時機，嗅出客戶快下訂的味道，假如你有瞬間觀察出顧客喜好度的洞察力，就很容易在商談中辨識顧客購買意願的強弱，以及是否達到購買高潮，進而掌握有利時機大膽要求成交，搶先對手，順理成章地獲取訂單：

1. 顧客開始注意或感興趣時。
2. 顧客點頭、微笑、眼神發亮。
3. 堅持要談主要的問題。
4. 談論訂購與付款方式。
5. 詢問合約內容。
6. 誰買過此產品。
7. 徵求陪同者的意見。
8. 抱怨現在的房子。

9. 詢問售後服務、產品保固期、銀行貸款及利率等。

10. 仔細翻看產品 DM 或使用說明書。

11. 稱自己是熟人介紹來的。

(2) 成交過程中必須留意之事項

① 成交過程，必須維持友善、愉快的氣氛。

② 對於價格要具備充分的信心。

③ 不要輕易讓價，讓價的目的是爲了要成交。

④ 盡量將客戶引導到簡單的決策過程。

⑤ 觀察客戶的眼神、表情，適時掌握成交機會。

⑥ 議價務必面對面溝通，絕對避免在電話中談價格。

⑦ 讓客戶深信，你推薦的房屋是最佳選擇。

⑧ 議價過程步步爲營，訂金補足後避免再讓客戶議價。

⑨ 精明客戶會採取雙重要價策略。

⑩ 一次付清不貸款（折扣）。

⑪ 競爭個案多，訂金要收多。

「察言觀色」是成交勝負的主要關鍵。一定要機警地掌握顧客購買的高潮，促使他完成交易，絕對不可畏縮，否則，一切都得重新來過。

(3) 未成交原因及對策

經過多方面努力，仍未能說服客戶購買，時常令業務員氣餒，所有的努力付諸流水，下列綜合諸銷售老手列出未成交原因如下：

① 商品本身品質不良。

② 服務態度不佳。

③ 產品價格過高。

④ 商品不符合客戶需求。

⑤ 銷售人員缺乏信心。

⑥ 銷售人員專業不足，說服力不夠。

⑦ 銷售人員對於購屋者的批評未能適時加以回應。

⑧ 銷售人員未能掌握適當氣氛及時機，來導引購屋者購買。

⑨ 銷售人員對於售屋程序處置不當。

⑩ 銷售人員對於房屋銷售工作並不適任（使用不恰當的推銷技巧）。

當顧客發生抱怨時，它是個「警訊」——你的產品或服務又有問題了，但也是個「喜訊」——因為處理妥當，高達 95% 的顧客不僅會重複消費，且能建立更信任的親密關係。客戶有時是因為喜歡你的產品，對你的產品有更高的期待，才會對你抱怨，所以你只要好好應對處理，客戶會繼續成為你的忠實客戶。

對策

1. 耐心聆聽事件經過或問題細節，讓客戶適度地表達情緒。

2. 不要辯解及推卸責任。

3. 與顧客討論他們能接受的觀點。

4. 盡速採取行動。

5. 事後追蹤、自我反省。

　　無論成交與否，業務員都應該、也必須將「售後追蹤服務」視爲整個銷售流程的最後一個階段。因爲他們仍屬於「潛在客戶」，只要保持適當的追蹤與聯繫，日後還是有機會再次贏得他們的認同。

　　(4) 做好售屋工作，對產品充滿信心

　　基本上，銷售人員想要充實自己對於產品條件、環境條件、價位的信心，必須先替產品、環境、價位找出優點及理由：

① 從產品規劃著手，確實認清產品優點，再針對客戶需求做攻擊。

② 介紹產品時，只要針對優點做介紹。若客戶提出缺點時，必須立即以溫和、堅定、有信心的語氣加以回應。

③ 引導客戶到工地現場參觀時，引導選擇最佳路線。

④ 確實了解其他競爭個案之產品條件及價位。

⑤ 對於本案價位必須充滿信心。

⑥ 注意取得客戶對你的信任。

⑦ 借助客戶、訂單、成交故事，來補強客戶信心。

⑧ 針對每位購屋者個性、需求、談話內容而予編表分析，再予以攻擊。

⑨ 適時引導客戶下訂，且適時掌握成交機會。

⑩ 成交只在一瞬間，不能輕易放棄。

⑪ 客戶訂購本產品之順序：

　A. 產品合乎他的需求。

　B. 他很喜歡本產品的優點。

　C. 價位合乎他的評價標準（物超所值）。

(5) 抓住最佳成交時機

成交只在一瞬間，不能輕易放棄，購屋者會支付訂金訂購本產品，其成交因素分類如下：

① 購屋者自己表示要購買該戶房屋。
② 引導客戶出價，讓客戶下訂。
③ 購屋者拿出現金或支票，要求讓價。
④ 產品絕佳不得不買。
⑤ 現場強銷熱購，客戶感受加入搶購。

(6) 銷售人員可以利用下列技巧來掌握成交的時機

保持積極而不心急的心態，讓買方加價，當買方出價跟屋主底價差不多，心裡暗爽，但不能表露出來，還要裝做一副很勉強的表情，希望賣方再加價；但回報屋主時，又不能把買方加價說得太快，否則買方覺得買貴，賣方覺得賣得太便宜。下列可作為買方加價的技巧：

① 壓迫客戶支付訂金，觀察購屋誠意度。
② 引導客戶出價，製造議價談判，達到成交目的。
③ 拿預約單，觀察客戶反應。
④ 製造雙龍搶珠，來壓迫下訂。
⑤ 製造現場成交實證，來壓迫成交。
⑥ 替客戶爭取優惠，來要求客戶支付大訂。
⑦ 假價目表、假底價表之運用。
⑧ 善用有影響力之第三者（軍師、顧問、地理師）。

(7) 成交法則——你是一位成功的銷售高手

在銷售過程中，如果你能以同理心來包容客戶的為難，並且用智慧達到雙贏的局面，那麼不僅可以在贏得客戶的同時，也為自己建立良好的形象，還能讓銷售的過程順利，達到成功銷售的目的。

① 服務藝術：
  • 臉笑——笑臉迎人。
  • 嘴甜——說好聽話。
  • 腰軟——身段柔軟。
  • 手快——適時服務。
  • 腳勤——行動敏捷。
  • 目色金——洞悉客人。
  • 耳朵利——傾聽真意。

② 帶看過程親切的小動作，年老攙扶、小孩拉手等，走路不徐，邊走邊介紹、聊天。遇警衛或工程人員需打招呼。

③ 進實品屋時，體貼提醒門檻小心勿絆倒，並請客戶「仔細參觀」。

④ 在銷售過程中不斷探討客戶意願，提升興致、熱度，並隨時與控臺互動，保持聯絡。

⑤ 千萬注意不要因為客戶有很不貼心的言論，就馬上降低你的熱忱，不要與客戶爭，因為你會贏了面子、輸了裡子。

⑥ 不要用教育洗腦，甚至訓話的方式來銷售。（當客戶的

購屋顧問）

⑦ 不斷的幫客戶圓夢。例如：家具怎麼擺，誰住哪一間，以生活化的方式去銷售。

⑧ 回程中保持熱度，再一次讓客戶體會優美的環境，高品質的住宅，再度試探客戶喜歡的程度。更進一步要求，「那我們回去接待中心寫訂單，今天刷卡付現或直接與櫃檯確定售出。」

⑨ 若客戶仍不能馬上做出決定，找出真正問題點在哪邊，確認客戶下次回來時間，並明確告知帶錢來下訂。（訴求回籠成交）

⑩ C、D 級客戶適當刺激與打擊，但非打擊信心或瞧不起客戶，適當結束談話。

⑪ 送客戶到門口外或車上，並需知道客戶是開什麼車。

⑫ 電話禮貌：「請、謝謝、對不起」，常掛嘴邊。

⑬ 客戶不買理由探討，是否產品缺失或服務態度不好等，把重點找出來，解除客戶疑慮及問題，若不買也應保持良好關係。

　　服務人員的心態最重要，相由心生，一個人的氣質與水平是在日常生活中慢慢培養出來的，不經意的小動作，往往就是成功與否的關鍵，發自內心才是最真，身為業務人員更須以此為出發點，針對業務的成長及個人修養，注重服務態度是有很大的幫助。你在看別人，別人也在看你，謙虛、不斷學習是成功的不二法門。

⑭ 除非對方連續 4 次說「不」──或真的把你轟出去，否則不要輕易放棄。

放棄只需要一句話，成功卻要不斷地堅持。想當年哥倫布憑著「信心和堅持」發現了新大陸，而不是憑著「航海圖」，你如果沒耐心去等待成功的到來，那麼你只好用一生的耐心去面對失敗。

(8) 業務人員常犯的缺點

為了急於介紹產品或者表達自己的意見，許多銷售人員經常會在客戶還沒有來得及說完自己的想法前就打斷客戶，然後又停不下來的大聊特聊。或者在與客戶交談時，專業術語滿天飛，那麼客戶會因為聽不懂而產生壓力想離開，這樣的結果也會讓客戶覺得自己不被尊重，機會就因此擦身而過了。

① 一味地進行產品介紹，缺少與客戶之間的情感互動，對客戶意見表現不耐煩的樣子。

② 所說的話題，經常不能引起客戶的興趣。

③ 經常使用專業術語，讓客戶滿頭問號，無法理解。

④ 產品介紹枯燥無味，無法引起客戶的好奇心。

⑤ 不善於從客戶的言語中傾聽出客戶的心聲。

⑥ 不懂裝懂，含糊不清地回答客戶的疑慮。

⑦ 給客戶有利於自己的銷售方案，而不是有利於客戶的。

如何引導買方做決策，加速客戶成交的技術，專家把它分為以下種類：

① 兩者擇一成交法。客戶還沒決定要買前就問他：「請問你要付現還是刷卡？」「請問比較喜歡在星期二，還是在星期五辦理簽約手續？」

② 假設性成交法。假設客戶已經下訂單，在客戶還沒決定購買前就問：「你希望付現或是刷卡？只要支付訂金，這一戶房子就是你的了！」

③ 即將漲價成交法。明確告訴客戶某項活動的優惠期限還剩幾天，在優惠期內客戶能夠享受的利益是什麼；同時提醒客戶優惠期結束後，客戶如果購買同類產品的話，將會受到怎樣的損失。

　　「下星期三我們會漲價，所以除非你現在下訂……」、「這個價格即將要停而調整了……」

④ 名額有限成交法。「如果你現在沒辦法決定，我必須將這個機會讓給另一個急著想買的客戶。」

⑤ 主動幫忙填單法。在客戶還沒表示想購買前，就開始幫客戶填寫訂單。

⑥ 手續簡單成交法。直接告訴客戶購買手續非常簡單，然後讓客戶盡快做決定。

⑦ 製造購買壓力法。使用假客戶、假訂單、假價目表、假底價表、假控制表來製造所剩不多之購買壓力。

二、如何做好卓越專案銷售管理

　　有位新人請教業務高手，什麼是他的銷售哲學，他說：「你看過喬‧吉拉德的書嗎？」銷售成功術，所謂的業務高手是——要先「找」有人潮的地方、「分析」市場、「研究」消費者特性，並且以適合的「產品」，用最適當的「銷售手法」，在最恰當的「時機」推出，況且常常會遭「拒絕」，需要有「修正再出發」的精神，才有迅速成交的「客戶」，這正是 Top Sales 的

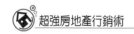

特質。

　　你是否也具備了以上的特質，身爲一個房地產個案的專案，更需擁有以下的專業，才可達成個案銷售使命。

　1. 專案經理的角色及領導風格

　　當主管跟做業務不一樣。作爲業務員，只要勤跑客戶，顧好自己的業績就行；但是身爲專案經理卻要帶領整個團隊，爲整體的績效負責。有的好業務員一旦升上了主管，結果卻造成公司失去了一個優秀的業務員，多了一個壞主管，以及一群失望的客戶；也有很多的專案經理不了解自己的角色，以爲做了主管，就變成老闆。他們不知道，自己其實應該扮演的，是教練的角色，其中的差異是，老闆的角色是命令和要求；教練的角色卻是透過幫助他人成功來完成任務。

　　專案經理最重要的任務是，提升業務團隊的績效，這代表專案經理是個教練、策略家，因此，業務主管不需要自己做銷售工作，才能完成這個任務。舉例來說，美國大聯盟職棒的總經理和總教練並不一定是最好的選手，但能夠將球隊帶領好，打了勝仗，就是好主管。

專案經理的職掌

1. 個案銷售進度掌控。
2. 銷售人員監督管理。
3. 銷售業務工作協調。
4. 銷售現場經營管理。
5. 銷售後續跟進作業。

2. 以業績目標來管理

本薪是獎勵未來，獎金是鼓勵銷售業績的貢獻。一套成功的獎金制度，最好能夠創造三贏的效果：第一，能夠有效激勵員工；第二，能夠幫助改善品質與服務；第三，能夠幫助公司賺錢。獎金制度如果不能創造三贏，就不算是個妥善的設計。

雖然很多公司都設有績效衡量指標，但只有在與獎酬制度連結以後，員工才會真正重視這些指標，也才能引導員工往公司所設定的方向前進。至於績效與獎酬的連結是不是有一個公式或規則可循呢？因個案銷售金額不一，獎酬制度也會調整，專案人員則須協調公司與現場人員的獎金條件，以便訂定銷售目標。

3. 永不止息的訓練

(1) 持續的教育訓練：持續的教育訓練可以讓銷售團隊運作得更順暢、更省力、更快速。

(2) 善用訓練活動：訓練活動不是做完就算了，要讓銷售團隊將教育訓練的成果實際運用出來，在拓展業務上發揮戰鬥力。

4. 業績獎金的架構

(1) 實質金錢獎勵

①薪獎

　A. 專案經理

　　a.月薪：3～5 萬。

　　b.獎金：售出總金額 0.1% 起跳，按成數最高至 0.4%。

　B. 跑單人員

　　a.月薪：3～4 萬。

b.獎金：

個獎：0.3%。

團體獎金獎：0.1%。

②特別獎金或定期競賽獎金：視現場銷售狀況提撥。

③個案分紅獎勵。

(2) 身分地位的表徵。

(3) 公開表揚讚賞。

(4) 被注意與關懷。

(5) 職位晉升。

5. 積極溝通的四個關鍵

(1) 無條件保持積極的觀念。

(2) 凝聚共識、同心協力的精神。

(3) 眼睛的接觸，微笑的回應。

(4) 集中注意力與部屬溝通。

　　根據研究，專業是讓銷售機會變成實際業績的重要關鍵，業務人員的銷售成績大致與他的專業知識成正比，一般的銷售訓練也一再強調業務人員應該有必要的銷售技巧，並對產品以及產業有充足的認識，這些能力是業務人員最起碼的基本能力。

××不動產事業

您夠專業嗎？

或許您說：「我接受過許多的推銷訓練，我對產品的特性也很清楚，甚至，我也賣過不少的案子。」的確，大多數的推銷人員都接受過公司內部的業務訓練，或參加外部舉辦的推銷講座，這很好，表示您真的有心想成為一位足夠專業性、值得信賴的業務代表。

下面有 21 個問題，能幫您回顧一下，您進行推銷時，這些問題是否會困擾著您，同時，您可評估一下，您是否接受過正確的專業推銷訓練。

1.	您進行推銷時，是否畏懼直接去見客戶的高階層（Key Man，指有錢、有權決定、有需要的人）。	☐Yes	☐No
2.	您是否經常發生還沒有來得及做任何推銷話語，（Sales Talk）就被客戶請出門了。	☐Yes	☐No
3.	當您與準客戶（Prospect）初次面對面的那一刻，您是否能迅速地消除彼此間的一道牆，而迅速引起準客戶的興趣？	☐Yes	☐No
4.	您是否對不同類型的客戶做新拜訪（New Call）時，都能選擇出適當的接觸語言（Approach Talk）？	☐Yes	☐No
5.	您面對初次見面的客戶，是否能迅速引起客戶的興趣？並能主導會談的過程？	☐Yes	☐No
6.	您對於解讀客戶的舉止、話語，判斷客戶的需求、性質及態度，是否讓自己覺得滿意？	☐Yes	☐No

7.	您是否能技巧地引導客戶說出他的需求，而不讓客戶感受被質詢不悅的壓力？	☐Yes	☐No
8.	您介紹產品時是否能依循特性（Feature）、優點（Merit）及特殊利益（Specific Benefit）的方式？	☐Yes	☐No
9.	您是否能運用詢問的技巧，找出客戶的隱藏問題（Hidden Problems）及未滿足的需求（Disstisfaction）？	☐Yes	☐No
10.	您是否懂得用「＋」、「－」、「×」、「÷」的技巧，進行提升品質的推銷技巧？	☐Yes	☐No
11.	您是否容易區別真的拒絕及假的拒絕（False Objection）？	☐Yes	☐No
12.	當客戶提出異議（Objection）時，您是否能很高興的將客戶的異議當成是探求客戶需求的大好機會？	☐Yes	☐No
13.	當客戶指出您的產品真正缺點的異議（Objection）時，您是否有時候會覺得處理起來有些困難？	☐Yes	☐No
14.	當客戶提出「不需要」、「沒有錢」、「沒有決定權」時，是否仍讓您感到處理很困難。	☐Yes	☐No
15.	您是否善於利用建議書（Proposal）以達成締結的目的？	☐Yes	☐No
16.	您是否能充分利用試探性締結（Testing Closing）及中途締結（Inter Closing），以達成最後的締結（Final Closing）？	☐Yes	☐No
17.	當客戶不願立刻接受締結（Close）而有意延遲時，您會立刻從另一個方向引導他締結，並不會因此而終止對談。	☐Yes	☐No
18.	您對不同性格的客戶（獨占性、分析性、人際性、務實性）都能有效的進行推銷？	☐Yes	☐No

19.	您是否隨時注意不要讓客戶感到有被強迫推銷的感覺？	☐Yes	☐No
20.	您是否能被客戶看成是能替他們解決問題的銷售人員？	☐Yes	☐No
21.	您過去所接受的推銷業務，是否能有效地協助您處理每日推銷時所面臨的問題與壓力？	☐Yes	☐No

　　上面答案除 1、2、13、14 為 No 外，其餘皆為 Yes，20 分以上表示您稱得上專業，19～17 分還算專業，17 分以下您須努力學習專業。

　　以上 21 個問題為專業業務代表所必備之觀念及技巧，若您覺得仍有些問題會困擾您或是做得不夠好，則應努力學習改進，若已能隨心所欲地應對，那您必然是一位傑出的業務代表。

Chapter 5
房屋銷售管理要領

失敗不見得是錯誤，真正的錯誤是停止嘗試。
——行為分析大師、心理系教授　史基納（Skinner）

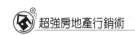

銷售的成敗與否，就看專案負責人的執行能力，與現場工作進度內容的掌握度，所以專案負責人具有貫穿全案促銷組合之聯繫、協調、推動之任務，以達到個案順利銷售的目標。

案前前置作業

　　專案負責人必須在預售個案前置作業（案前籌備作業），擬定所有行銷策略（產品、價格、廣告、通路等），還必須針對個案的銷售資料、工具（樣品屋、接待中心、戶外據點、模型及海報等）做完整的準備。另外，現場的各項業務準備及廣告策略、編列預算等作業必先做一計畫，以備銷售公開時的引爆。

一、銷售準備

(一) 作業流程

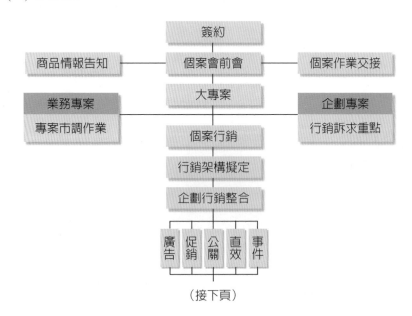

（接下頁）

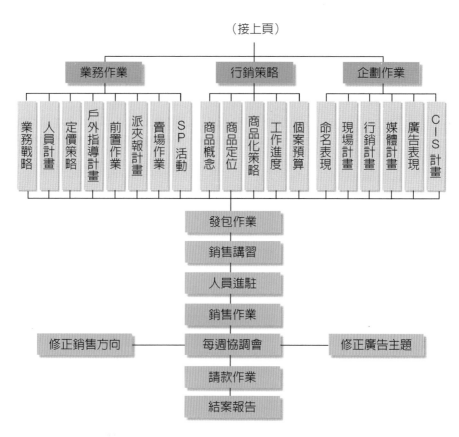

(二) 權責區分

　　下列工作項目為專案負責人所必須完成事項，從諮詢、銷售前管理到結案，皆是專案負責人的重點工作，除第 6 項施工中管理以後皆歸業主自行處理，工作項目可依下列內容處理。

註：●主要責任　　▲共同責任　　△意見徵求　　★核可

項目	業主	代銷公司	建築師
1. 行銷計畫諮詢			
市場調查分析		●	

項目	業主	代銷公司	建築師
市場可行性研判		●	
產品定位	★	●	
建築規劃建議	★	●	
廣告策略		●	
價格策略		●	
促銷策略		●	
行銷計畫書研討及編製		●	
銷售計畫評估		●	
2. 銷售前管理			
甄選代銷公司	★	●	
訂立代銷合約	▲	▲	
行銷工作進度表	★	●	
價格表編製	★	●	
廣告企劃	▲	●	
廣告預算	▲	▲	
透視圖	▲	●	△
平面及墨線圖		●	△
模型	▲	●	△
3. 銷售中管理			
CF 製作、網頁製作	△	●	
報紙雜誌稿製作	△	●	
海報、DM 稿製作	△	●	
新聞消息發布	△	●	
其他廣告資料		●	
促銷活動		●	

項目	業主	代銷公司	建築師
現場銷控		●	
小訂金之管理	▲	●	
補足訂金之管理	▲	▲	
簽約之管理	▲	●	
現場銷控表製作		●	
銷售狀況日（月）報表製作		●	
廣告預算執行查核	▲	●	
4. 契約			
契約擬義解釋		●	
協助簽約	●	▲	
契約書核對	▲	▲	
契約書管理	▲	▲	
簽約狀況管理	▲	▲	
5. 結案			
廣告銷售費用請款	▲	●	
結案撤場	▲	▲	
6. 施工中管理			
寄發繳款通知書	●		
期款催繳	●		
繳款狀況管理	▲		△
工程進度報告	△		△
變更設計協調	●		△
7. 辦理產權服務			
保存、轉移登記	▲		
設定、對保及辦理購屋貸款	▲		

項目	業主	代銷公司	建築師
8. 協助交屋	▲	▲	
9. 成立管理中心	▲		
10. 售後服務	●		

(三) 產品規劃

1. 產品定位

將產品屬性定位於自住型、換屋型或投資型等類型。

(1) 市場偏好：進行市場調查或初步試銷，分析客戶對產品之喜好種類。

(2) 區段屬性：區域的接受性，本地及外來客的看法。

2. 坪數規劃

先判斷主力坪數，再考慮其他坪數組合。

(1) 市場供需：目前市場供應量有無過量評估。

(2) 區段產品差異性：本產品跟同地區個案比較，有無差異性。

3. 產品機能

產品的各種使用機能分析如下：

(1) 基本機能：平面、格局、坪數、公設比例、使用功能分析。

(2) 附加機能：有無特別附加設施，如：音響室、宴會廳、健身房等。

4. 附加價值

附近有無重要公共設施、交通建設之開發等重大利多。

(四) 業務策略

1. 研擬計畫

針對銷售客戶擬定未來之銷售計畫。

(1) 客源分析：分析客戶層級，進行市場區隔，並蒐集客戶資料，進行目標行銷。

(2) 媒體運作：針對鎖定對象，進行媒體運作，以達到有效接觸客戶的目的。

- 效益評估：為避免預算浮濫，應對每種媒體做一有效來人評估。

- 策略應用：採用何種媒體最能充分將廣告主題達到目標閱讀者身上，何種媒體組合最能充分接觸到廣告目標市場。

2. 現場布置

(1) 動線規劃：安排業務人員從客戶進門到離去之一切動線。

(2) 氣勢塑造：接待中心的規模與外觀的造型，以及現場的布置，將會讓客戶感受到不一樣的企業文化。

(3) 色彩安排：暖色系讓客戶有溫暖回家的感覺，冷色系給客戶冰冷的印象，現場視產品定調。

3. 現場買氣凝聚

(1) 銷控業務：現場客戶的詢問及樓層、戶數的掌控，會影響銷售人員對客戶下訂的掌握。

(2) 炒作技巧：由於假日看屋客戶眾多，如無適當之銷控，容易造成客戶之流失及現場銷售氣氛的凝聚。

- 銷控臺炒作：專案人員在銷控臺上指揮全軍，以便將

去化不易的產品、樓層先行銷售，以達順銷的次序。

- 銷售人員間相互支援：銷售過程中，難免有不易應付的顧客，所以同事間相互協助，必要的臨門一腳，會讓銷售氣氛不致太僵硬。

(五) 進度控制

內容	預定進度表				
	3月	4月	5月	6月	7月
1. 成立推行小組	■				
2. 商品定位					
(1) 市場調查	■				
(2) 目標市場	■				
(3) 商品定位	■				
(4) 建築規劃	■				
3. 行銷定位					
(1) 商品化策略	■				
(2) 商品計畫	■				
4. 行銷計畫					
(1) 人力組織計畫	■				
(2) 行銷動腦會議	■				
(3) 行銷架構擬定	■				
(4) 企劃行銷整合	■	■			
5. 計畫推動					
(1) 行銷階段運作		■	■	■	■
(2) 現場計畫		■	■	■	■
(3) 企劃作業	■	■	■	■	■

內容	預定進度表									
	3月		4月		5月		6月		7月	
(4) 業務作業										
(5) PR 展開										
(6) 發包作業										
(7) EVENT 展開										
(8) 教育訓練										
6. 計畫執行										
(1) 人員進駐										
(2) 銷售講習										
(3) 前置作業										
(4) DS 展開										
(5) 銷售作業										
(6) SP 配合										
(7) 協調會										

(六) 預算編列

　　編列廣告預算及廣告決算的主要目的，在於為使建築個案產品能以最經濟的廣告費用，配合有效的廣告媒體，使用有效的廣告表現，達成銷售目標。

1. 如何花費

　　(1) 用途確定：根據銷售時間分配，如潛銷期、引導期、公開期、促銷期、延續期，編列其用途。

　　(2) 數量計算：預算額度應根據總銷售金額 2～2.5% 為上限，並參考個案市場狀況予以調整。

2. 費用分配

　　預售個案的費用分類：

(1) 固定費用（現場硬體費用）：一般指在個案銷售前準備階段即已投入的費用，如接待中心、樣品屋、電話視訊設備、透視圖、鳥瞰圖、模型、圍板、園藝等硬體設備。

(2) 變動費用（廣告費用）：指一般所稱的活動媒體費用，網路、報紙、電視、廣播、海報、SP、DM 等。

(3) 雜項費用（現場人員薪資支出）：上述以外的零星支出，包括水電、業務、雜支、人員薪資等。

3. 發包前規劃

　　事前工作之安排，可從工作表追蹤進度，隨時由各負責單位回報，以掌握工程進度。

(1) 進度安排及掌握：全案依預定進度表之工作進度表計畫排定，使各項工作納入進度，否則極易因疏忽某項工作無法如期完成，影響全案的進度。

(2) 準備動作完善：一分準備、一分收穫，做好事前準備工作，就能如期完成。

(七) 前置銷售

　　在銷售人員剛進場，尚未正式公開打廣告，可先運用以下工具達到潛銷的目的。

1. 二階段傳播：假設在消費者中，有對他人購買行動具有特殊影響力之輿論領導者（意見領袖），透過輿論領導者，往往可以影響更大範圍的消費者，這就是「信息二階段的傳播假

設」。

2. 資料庫行銷：是指建立、維持與使用客戶資料庫，進行交流和交易的過程。利用以往各工地參觀客戶所留下的資料表，而進行行銷的方式。

3. 潛水艇銷售（潛銷）：進行口語與耳語傳播，塑造「山雨欲來風滿樓」的聲勢，讓潛在客戶對本案有預期，達到預先銷售的目的。

4. 關係行銷：以行銷組合提供的利益爲基礎，並以消費者滿足感爲目的，試圖拉近企業與消費者之間的距離，並維護與提升雙方的關係。尋求與客戶建立和維持一種長期的夥伴關係，企業與客戶、零售商、製造商等建立維持彼此關係，透過此特殊關係，達到行銷的目的。如百貨及 3C 公司對會員客戶的折扣回饋、汽車回娘家免費保養等。

5. D.D.T 作業：即Direct Mail（直接信函 DM）、Direct Sale（直效銷售，如郵購、電話行銷、線上行銷等都是常見的型式）、Telephone Sale 電話行銷。運用 D.D.T 作業可以在開案前運作，讓客戶能在個案未公開前即獲得銷售訊息。

6. 網路行銷（數位行銷）：line@生活圈、line@貼圖小鋪、FB 推播廣告、FB 粉絲專頁、Google 聯播網、競品撈檔簡訊 LDA、新聞與部落客、網路語音、手機 APP、YouTube 影音搜尋。

個案資訊-建案介紹貼文	環境介紹貼文	賞屋專案-抽獎貼文

(八) 運籌帷幄

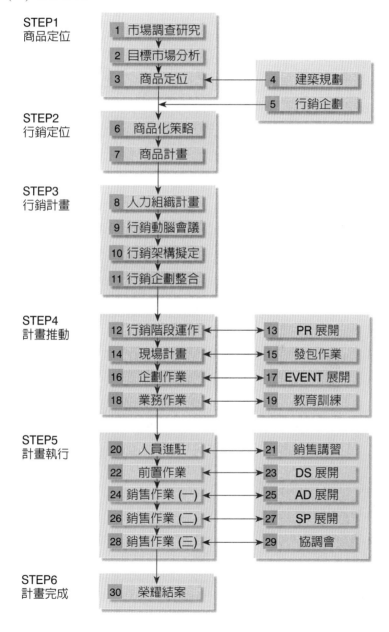

STEP1
商品定位

STEP2
行銷定位

STEP3
行銷計畫

STEP4
計畫推動

STEP5
計畫執行

STEP6
計畫完成

1 市場調查研究
2 目標市場分析
3 商品定位
4 建築規劃
5 行銷企劃

6 商品化策略
7 商品計畫

8 人力組織計畫
9 行銷動腦會議
10 行銷架構擬定
11 行銷企劃整合

12 行銷階段運作
13 PR 展開
14 現場計畫
15 發包作業
16 企劃作業
17 EVENT 展開
18 業務作業
19 教育訓練

20 人員進駐
21 銷售講習
22 前置作業
23 DS 展開
24 銷售作業 (一)
25 AD 展開
26 銷售作業 (二)
27 SP 展開
28 銷售作業 (三)
29 協調會

30 榮耀結案

二、銷售工具準備

準備銷售工具項目

1. 墨線圖

2. 模型

3. 透視圖

4. 買賣合約書

5. 住戶管理公約

6. 家具配置圖

7. 銷售講習資料

8. 坪數表

9. 期款表

10. 車位價格表

11. 底價表

12. 價目表

13. 銷控表

14. 來人來電紀錄表

15. 銷售日報表、週報表

16. 客戶紀錄表

17. 訂購單

18. 訂購單使用紀錄表

19. 銷售說明書及產品說明書

20. 燈箱

21. 3D 動畫

22. VCR 電子表板

23. 其他

以上各種資料或工具皆應在開案前準備完成，以利銷售流程掌控。

三、廣告媒體作業

廣告策略制定完成後，接下來企劃人員有兩個重要工作必須展開──廣告表現（Creative Plan）與媒體組合（Media Mix）。

廣告策略與廣告表現間的最大差別，在於廣告策略是告訴我們「該做什麼」，而廣告表現則告訴我們「該如何做」。

媒體的種類：媒體可分為靜態媒體（平面媒體）及動態媒體（電子媒體），近年來，數位時代發展的「數位媒體」從單向的溝通方式演進到雙向互動溝通模式。

平面媒體（靜態媒體）

印刷媒體包括海報、DM（直接信函）、說明書。

新聞媒體（NP）：地方報、晚報、財經報紙。

雜誌媒體：一般雜誌、專業雜誌。

電子媒體（動態媒體）

電影、電視：綜合影片部（VIDEO）及聲部（AUDIO）兩種。

動態媒體集影聲於一身：幻燈片（SLIDE）、動態 CF。

電臺（RD）：僅有聲部（AUDIO）聽覺訴求。

數位媒體

網際網路（IT）、多媒體顯示器 MMD（Multi-media Display）、LED 電子看板等，影像聲光俱現，同時訴求視覺與聽覺，還可以即時互動。

其他：錄影放送、DVD、現場表演。

其他媒體

POP、圍牆、指示牌、旗幟、氣球、霓虹塔、車廂廣告、宣傳車，以及口頭傳播、贈品、戶外廣告（OA）。

現今常用建案行銷操作

以下將廣告媒體的作業略述如下：

1. 標誌（Symbol）、標題（Head Line）與標語（Slogan）

標誌（Symbol）：屬於象徵性的視覺語言，意指利用某種媒介物，以傳達事物現象的象徵意義。

麗寶大衛營

甲子園

標題（Headline）：好的主標題最好能達到一語雙關的效果，若原本看圖只有一個想法，但看了文字之後，又可能想到另外一件事，並產生很多聯想，甚至看到畫面而會心一笑，這便是一個好的大標。

主要訴求機能：

(1) 廣告文的主訴求，也算是文案的一部分。

(2) 可以反覆使用於每次廣告或僅用一次。

(3) 吸引讀者閱讀本文，用於說明「廣告」、「設計」。

(4) 必須配合插圖的造型與需要，位置醒目，並考究版面之視覺誘導。

(5) 不一定是一個完整的句子。

(6) 一般用較大的字體表現，作點或線的編排。

(7) 標題是表現廣告主題的「短句」，吸引視覺，使廣告創意一目了然，導入廣告主文的重要媒介。

標準字
（商品名稱）

主標題
（大標題）

插圖／照片
建案場景

位置圖

說明文
副標題

公司名稱

聯絡資訊

標語（Slogan）：表現商品特質、特色之完整短句。

　　一個廣告活動的標語，要強調廣告活動的主題，使讀者記憶某種事實，這種標語方能發揮標語的價值。例如：「今天動土」、「輕鬆成家」、「最後倒數」。

　　主要訴求機能：

　　(1) 簡潔、平易的日常用語。

廣告媒體的運用與組合

工地圍籬

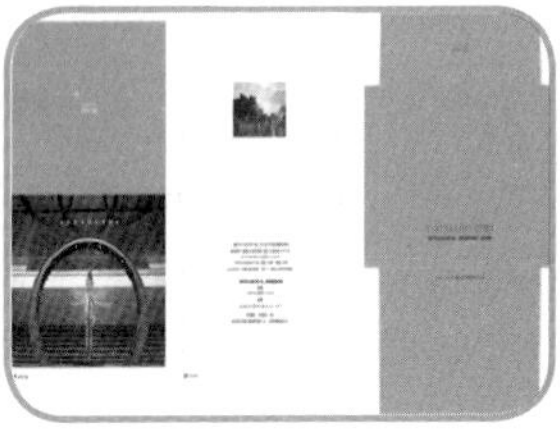

DM

OA

網站

MG

NP

燈旗

告示牌

戶外廣告

工地旗幟

(2) 文意要明確、不能學理化。

(3) 有趣。

(4) 容易記憶。

2. 廣告媒體的運用與組合

電視、商業廣告（CF）、電臺廣告（RD）、報紙（NP）、雜誌（MG）、定點（POP）派夾報、海報、直接信函（DM）、戶外廣告（OA）、公車、電影院、接待中心、模型、告示牌等其他。

四、銷售管理去化分析

去化分析能提供足夠的訊息，可使主事者迅速掌握現況，透過去化分析可對銷售狀況做一分析與檢討，了解銷售的任何促使成交動作，引起消費的回響與行動的效果如何，所以又稱為「銷售回饋分析」，經由與銷售有關的人、事、物產生最佳的效益，應嚴格要求現場人員確實統計計算，才能在經過分析解讀後，找出新的方向與答案，修正檢討後，避免不必要的損失。

一般而言，銷售去化分析的常用表格如下：

1. 銷售日報表、銷售週報表。

2. 客戶資料表、客戶追蹤資料表。

3. 來人來電客戶資料表（區域、職業、年齡、坪數、媒體）。

4. 銷售分析表。

5. 媒體運用表。

6. 媒體效益評估分析表。

7. 產品去化分析表。

8. 其他。

房地產運用媒體優劣點分析

媒體類型	優點	限制
報紙	彈性、及時性、廣泛涵蓋地區性市場、廣泛被接受、可信度高	時效較短、再生品質差、轉閱讀者少
電視	結合視聽與動作的效果、感情訴求、引人注意、接觸率高	絕對成本高、易受干擾、展示時間短暫、對觀眾的選擇性低
直接郵寄信函	可對聽眾加以篩選、具個人化	成本高且有無謂成本浪費之虞
收音機	可大量使用、有高的地區性與人口變數選擇性、低成本	只傳達聲音效果，注意力不如電視
雜誌	有較高的地區性與人口變數選擇性、有可靠性且具信譽、時效長、轉閱讀者多	購買的前置時間長、刊登的版面未受保障
戶外廣告	彈性、展露的重複性高、低成本、競爭性低	對聽眾不具選擇性、創造力受限制
電話簿	地區涵蓋佳、可信度高、成本低	競爭、購買廣告的前置時間很長、創造力受限制
通訊函	有非常高的選擇性、完全的控制、有互動的機會	成本可能逐漸上升
小冊子	彈性、完全的控制、訊息具戲劇性效果	過量製作可能提升成本
電話	許多用戶、有個人接觸機會	除非用戶親自撥號，否則成本相當高
網際網路	高度選擇性、有互動的機會成本相當低	在於某些國家中，屬較新的媒體，使用者會較少

資料來源：Kotler, P.（2003）. Marketing Management: Analysis, Planning, Implementation, and Control. Englewood Cliffs, NJ: Prentice-Hall.

　　去化分析是工具，目的是如何精準的衡量效果，再修正方向，以獲得更好的銷售成果；由於個案預售期間不長，個案在進場銷售二個月便可看出端倪，而花費的廣告預算也相當龐大，如無良好的廣告企劃與控制、精準的廣告目標及對廣告效果的評估，將造成無法挽回的局面。做好事前的評估勝過事後的衡量，是現場專案的責任。

去化分析的項目

1. 來人年齡、來人職業及成交分析表

　　什麼年齡、什麼職業是本案買者？

2. 來人區域、來人需求坪數及成交分析表

　　來自何處的客戶最多，什麼樣的坪數是最受消費者接受，比例如何？與主力坪數是否吻合？

3. 來人購屋動機、來人受媒體吸引及成交分析表

　　購屋理由及所看到的媒體？

4. 購買因素分析表

　　因素如格局、方位、建材、座向、交通、市場、公園、學區、景觀、公設比、公司品牌、貸款價格、付款方式、客戶推薦等。

5. 未購買因素分析表

　　與購買因素雷同，盡量找出其不買的主因。

6. 媒體效果分析

　　有關媒體的運用、廣告的效益分析、廣告的預算與計畫分析等。

7. 銷售綜合分析表

　　對全案做一有系統檢視，以便對全案整體有所了解。

8. 預約單

　　有下訂的客戶，無論多寡，皆是客戶，應善加運用其資料分析。

9. 客戶資料表

　　客戶簽約成交後，即是公司服務的對象，應把握其特點，作為銷售分析的基礎，並善用其影響力，有助於未來銷售策略的擬定。

10. 其他

　　以上表格資料，皆公司花費大量廣告所得到的資訊，所以專案人員應負責彙整、統計、分析做出結論，作為現在及未來個案廣告企劃、銷售策略研擬的參考，讓現場銷售順利推動，並完成結案。

結案報告（廣告公司專案負責）

　　個案銷售完畢時，專案人員應將個案資料彙整總結，將個案之產品規劃、業務銷售、廣告企劃、價格檢討等，匯集成冊予以說明，以便日後推案參考之用。

1. 專案人員組織、工作項目、計畫進度表
2. 產品分析與檢討
　(1) 產品基本資料
　(2) 平面規劃檢討

(3) 產品賣點與抗性

(4) 價格檢討

3. 業務銷售檢討

(1) 銷售策略分析檢討

(2) 銷售技巧檢討

(3) 現場管理檢討

(4) 人力運作檢討

(5) 銷售現場管理檢討

(6) 簽約技巧檢討

4. 廣告企劃檢討

(1) 廣告預算與決算

(2) 廣告效果分析

(3) 客戶來源分析

5. 去化分析

6. 銷售結案結論與建議

營業日報

天氣：　　　星期：　　　日　　月　　年

總戶數	項目			
	來人			
	來電			

房屋總銷　　　車位總銷　　　合計總金額

本日銷售　　本日累計　　累計金額

銷售率　　　總銷坪

	房屋	車位	合計
銷售戶數	戶	位	
金額	萬	萬	萬
坪數	坪		
溢折價	萬	萬	萬
售戶數	戶	位	
金額	萬	萬	萬
坪數	坪		
溢折價	萬	萬	萬
補戶數	戶	位	
金額	萬	萬	萬
坪數	坪		
足簽戶數	戶	位	
金額	萬	萬	萬
坪數	坪		
溢折價	萬	萬	萬
約戶數	戶	位	
金額	萬	萬	萬
溢折價	萬	萬	萬
退戶戶數	戶	位	
金額	萬	萬	萬

房屋	店面	套房	一房	二房	小三房	三房	3+1房	小四房	四房	4+1房	五房	樓中樓	合計
合計													
銷售													
補簽													
足簽													
退戶													
餘戶													

車位	B1小車	B1大車	B1機械	B2大車	B2小車	B2機械	B3大車	B3小車	B3機械	B4大車	B4小車	B4機械	合計
合計													
銷售													
補簽													
足簽													
退戶													
餘戶													

媒體	本	想	體
銷售狀況			

備註

主管：　　　　專案：　　　　製表：

197

＿＿＿＿＿ 案營業週報表

第　週		代理期間					總銷售戶數 總銷售金額		戶 億
日期	11/12	11/13	11/14	11/15	11/16	11/17	11/18		實際銷售
星期	一	二	三	四	五	六	日		戶數
氣候								本週累計	車位
廣告									合計
								上週累計	總累計
來人									
來電									
回籠									
成交 戶數									
成交 金額									
成交 車位									
成交 金額									
小訂 戶數									
小訂 金額									
小訂 車位									
小訂 金額									
補足 戶數									
補足 金額									
補足 車位									
補足 金額									
簽約 戶數									
簽約 金額									
簽約 車位									
簽約 金額									
退戶 戶數									
退戶 金額									
退戶 車位									
退戶 金額									
對保 戶數									
對保 金額									

銷售記錄

本週回籠	0	組	回籠成交		組	累計回籠成交		組	百分比	
休假						本週媒體				
加強方向										

主管：　　　　　　　　專案負責：　　　　　　　　製表：

銷售綜合週報表

星期	一	二	三	四	五	六	日	合計
日期	12月29日	12月30日	12月31日	1月1日	1月2日	1月3日	1月4日	
廣告	宣車 POP 公車廣告 RD 派報中永和	宣車 POP 公車廣告 RD 派報中永和	宣車 POP 公車廣告 RD 中時20全縣16版 派報中永和	中時20全市+縣8.16版 自由20全市+B縣11版 聯合20全縣1縣16版 宣傳車 POP 燈牌+指示牌 公車廣告 接駁巴士 RD	中時20全市A縣8版 自由20全B縣24版 聯合20全1報市+縣16版 蘋果日報市+縣7版 宣傳車 POP 燈牌+指示牌 公車廣告 接駁巴士 RD	中時20全市14版+縣19版 自由20全縣9版 聯合20全7版+縣12版 宣傳車 POP 燈牌+指示牌 公車廣告 接駁巴士 RD	中時20全市9版+縣7版 自由20全市+縣16版 聯合20全 宣傳車 POP 燈牌+指示牌 公車廣告 接駁巴士 RD	廣告主題
來人	19	13	17	49	15	55	66	234
回籠	0	1	1	4	0	4	6	16
來電	27	21	19	48	49	27	33	224
銷售戶數 房	1	2	1	10	2	4	13	33
銷售戶數 車	0	0	0	2	1	0	1	4
銷售金額 房	615.8	786.5	556	4147.25	784.8	1912.95	5374.05	16983.8
銷售金額 車				220	85		120	425
補足戶數 房	1	2	1	10	2	4	13	33
補足戶數 車				2	1		1	4
補足金額 房	786.5	786.5	1159	4147.25	784.8	1912.95	5374.05	14164.6
補足金額 車				220	85		120	425
簽約戶數 房	2		1	1	2	1	3	10
簽約戶數 車					1		1	2
簽約金額 房	786.5		570	316.35	906	419.15	1324.7	4322.7
簽約金額 車					85		120	205
簽約溢價								
退戶數		4	3	1			1	9
退戶金額		2000.2	1246.4	482.8			318.15	4047.55

本週客戶詢問重點：
1. 裝潢問題
2. 價格問題
3. 預售管理疑慮
4. 對管理疑慮
5. 公設比

本週客戶詢問問題：
1. 飯店式軟硬體規劃
2. 挑高產品
3. 低自備款
4. 地點

本週客戶購買原因

本週客戶未購因素：
1. 價格因素
2. 公設比過高
3. 家人因素
4. 坪數不符
5. 預售疑慮

廣告執行成果分析表

製表日期：

案名：

可售總額： 萬

分類	項目		週~週	週~週	週~週	週~週	週~週	週~週	週~週	週~週	年月日~週	月	累計
1.廣告執行	①報紙												
	②派夾報												
	③定點看板、指示牌												
	④介紹（客戶、親友、仲介）												
	⑤電視（含有限電視）												
	⑥SP活動												
	⑦網路媒體												
	⑧宣傳車、公車												
	(1)廣告費支出合計												
	(2)廣告費結餘金額												
	(3)訴求重點												
2.銷售成果	(1)來電通數	(通)											
	(2)來客組數	(組)											
	(3)成交戶數	(戶)											
	(4)成交金額 ①實際成交金額	(萬)											
	②目標成交金額	(萬)											
	③目標達成率	(%)											
	(5)廣告效益 ①來電	(元/通)											
	②來客	(元/組)											
	③成交	(元/戶)											
	(6)成交率 ①本週實際成交率	(%)											
	②本週目標成交率	(%)											

媒體效益評估分析

案名：　　　　　　　　　　　　　　　　　　　　　　　年　月　日　～　月　日

媒體	來人組數	來人比率	成交組數	成交比率	廣告費	來人成本效益	成交成本效益	來人成交比
CF								
NP								
MG								
POP								
DM								
RD								
網路								
公車								
派報								
夾報								
介紹								
路過								
其他								
合計								

詢問重點

重點	類別	來電 本週 組數	來電 本週 比例	來電 累計 組數	來電 累計 比例	來人 本週 組數	來人 本週 比例	來人 累計 組數	來人 累計 比例	已購 本週 組數	已購 本週 比例	已購 累計 組數	已購 累計 比例
動機	首次購屋		%		%		%		%		%		%
	換屋		%		%		%		%		%		%
	為下一代		%		%		%		%		%		%
	投資		%		%		%		%		%		%
	合計		%		%		%		%		%		%
考量因素	區位		%		%		%		%		%		%
	樓層		%		%		%		%		%		%
	車位		%		%		%		%		%		%
	價格		%		%		%		%		%		%
	公共設施		%		%		%		%		%		%
	交通		%		%		%		%		%		%
	座向		%		%		%		%		%		%
	建材		%		%		%		%		%		%
	工期		%		%		%		%		%		%
	付款方式		%		%		%		%		%		%
	貸款		%		%		%		%		%		%
	品牌信譽		%		%		%		%		%		%
	安全		%		%		%		%		%		%
	學區		%		%		%		%		%		%
	景觀		%		%		%		%		%		%
	生活機能		%		%		%		%		%		%
	居住品質		%		%		%		%		%		%
	外部空間（包括庭園）		%		%		%		%		%		%
	內部空間		%		%		%		%		%		%
	公設比		%		%		%		%		%		%
	合計		100%		100%		100%		100%		100%		100%

案名：＿＿＿＿＿＿

一、區域分析　　　　　　　　年　月　日～　年　月　日

項目 區域		來電				來人				已購				來人成交比			
		本週		累計		本週		累計		本週		累計		本週		累計	
		組數	比例	組數	比例	組數	比例	組數	比例	組數	比例	組數	比例	組數	比例	組數	比例
臺北市	南港		%		%		%		%		%		%		%		%
	文山		%		%		%		%		%		%		%		%
	大安		%		%		%		%		%		%		%		%
	信義		%		%		%		%		%		%		%		%
	松山		%		%		%		%		%		%		%		%
	中山		%		%		%		%		%		%		%		%
	大同		%		%		%		%		%		%		%		%
	萬華		%		%		%		%		%		%		%		%
	士林		%		%		%		%		%		%		%		%
	北投		%		%		%		%		%		%		%		%
	內湖		%		%		%		%		%		%		%		%
	中正		%		%		%		%		%		%		%		%
新北市	新店		%		%		%		%		%		%		%		%
	永和		%		%		%		%		%		%		%		%
	中和		%		%		%		%		%		%		%		%
	板橋		%		%		%		%		%		%		%		%
	三重		%		%		%		%		%		%		%		%
	新莊		%		%		%		%		%		%		%		%
	汐止		%		%		%		%		%		%		%		%
	土城		%		%		%		%		%		%		%		%
	林口		%		%		%		%		%		%		%		%
	淡水		%		%		%		%		%		%		%		%
	八里		%		%		%		%		%		%		%		%
	五股		%		%		%		%		%		%		%		%
	泰山		%		%		%		%		%		%		%		%
	深坑		%		%		%		%		%		%		%		%
	三峽		%		%		%		%		%		%		%		%
其他縣市			%		%		%		%		%		%		%		%
合計		100%		100%		100%		100%		100%		100%		100%		100%	

二、坪數分析

類別\坪數	來電 本週 組數	來電 本週 比例	來電 累計 組數	來電 累計 比例	來人 本週 組數	來人 本週 比例	來人 累計 組數	來人 累計 比例	已購 本週 組數	已購 本週 比例	已購 累計 組數	已購 累計 比例
1 房（11〜22 坪）		%		%		%		%		%		%
2 房（22〜32 坪）		%		%		%		%		%		%
3 房（28〜42 坪）		%		%		%		%		%		%
3+1 房（32〜44 坪）		%		%		%		%		%		%
4 房（42〜52 坪）		%		%		%		%		%		%
5 房（52 坪）以上		%		%		%		%		%		%
合計		100%		100%		100%		100%		100%		100%

三、職業分析

類別\職業	來電 本週 組數	來電 本週 比例	來電 累計 組數	來電 累計 比例	來人 本週 組數	來人 本週 比例	來人 累計 組數	來人 累計 比例	已購 本週 組數	已購 本週 比例	已購 累計 組數	已購 累計 比例
自營商		%		%		%		%		%		%
服務業		%		%		%		%		%		%
自由業		%		%		%		%		%		%
製造業		%		%		%		%		%		%
醫師、律師		%		%		%		%		%		%
軍警		%		%		%		%		%		%
教師		%		%		%		%		%		%
公務員		%		%		%		%		%		%
家管		%		%		%		%		%		%
其他		%		%		%		%		%		%
合計		100%		100%		100%		100%		100%		100%

客戶資料表

（一）基本資料　　　　　　　　　　　　　　　　　　　等級研判：_____級
　　　個案：_____日期：_____交通工具：_____ A.成交　　B.誠意高
　　　　　　　　　　　　　　　　　　　　　　　　　　　　　　　 C.需考慮　 D.無希望
　　　姓名：_____職業：_____洽談時間：_____ 年齡：_____

　　　地址：_____ 電話：_____
　　　收入：□3萬以下□3～4萬□4～5萬□5～6萬□6～7萬□7～8萬□8～10萬□10萬以上
　　　　　　□20萬以上
　　　性質：(1)夫妻(2)個人(3)家人(4)朋友一起(5)其他
　　　廣告：(1)電視(2)報紙(3)派夾報DM(4)指示牌(5)接待中心(6)朋友介紹(7)定點POP(8)RD電
　　　　　　臺(9)DS(10)其他
（二）洽談重點
　　　1. 第一個問題：_____
　　　2. 喜愛點：_____
　　　3. 抗性點：_____
（三）洽談內容：
　　　_____
　　　_____
　　　_____
　　　_____
　　　_____
　　　_____
　　　_____

（四）需求研判：棟別_____樓別_____坪數_____車位_____格局_____總價_____
（五）追蹤記錄

日期	追蹤記錄

接洽人員：

Chapter 6

不動產經紀業經營祕訣

有的組織常說：「人才是我們最大的資產」，
但是這些組織常是說得多、做得少。

——彼得·杜拉克

不動產經紀業分類

不動產經紀業（Real Estate Sales）分兩類，一是代銷業、一是仲介業。

兩者服務的對象與市場角色的扮演不盡相同，代銷業是代理銷售建設公司所興建之整批房屋，其主要賣方是建設公司；而仲介業是代理銷售屋主所委託的房屋，其主要的賣方來自於委託的個別屋主；代銷業在市場上扮演的性質是比較類似於代理行為，而仲介業則是偏向居間性質的行為。不動產代銷業與仲介業最大不同之處是，不動產代銷業的主要收入主要是由建商支付佣金，而仲介業是向買賣雙方收取費用；不動產代銷業在許多層面上與仲介業相較，它有誘因引導消費者去配合建商的售屋條件，故易造成許多糾紛。

在房屋的初級市場中，不動產代銷業作為消費者與建築業者間之橋梁，扮演著重要的角色，其主要業務是替建築業者銷售房屋、提供市場資訊、製作廣告，由於法律上的設計將代銷業與仲介業合併成為單獨的法律管制，然而在相同的法律管制下，為何實務上運作、執行對於代銷業之管理迥異於仲介業？本文將探討不動產代銷業的現況及面臨的問題，並以交易成本的觀點提出問題，希望有助於健全不動產代銷業市場。

不動產代銷業與仲介業之性質比較

所謂不動產經紀業，依現行不動產經紀業管理條例所規定，係指經營仲介或代銷業務之公司或商號。所謂的仲介業務、代銷

業務依據該條例之規範，前者係指從事不動產買賣、互易、租賃之居間或代理業務，而後者則是指受起造人或建築業之委託，負責企劃並代理銷售不動產之業務。從現行法令定義，雖將兩者屬性看似相同，實質卻不同的產業合稱經紀業，然依其產業性質、制度之差異，本文試圖依據現行條例、管理實況，歸納出下列20 項差異（詳如下表）。

 不動產代銷業與仲介業務之性質比較表

項目／行業別	不動產代銷業	不動產仲介業
法律定義	指受起造人或建築業之委託，負責企劃並代理銷售不動產之業務	指從事不動產買賣、互易、租賃之居間或代理業務
主要工作	承接建案之宣傳	從事居間或代理業務
市場中所扮演角色	建商賣方的觀點	第三人觀點
所負擔之交易成本	事前交易成本	事前交易成本與事後交易成本
有無加盟經營	無	有
營業處所型態	地點不固定，多屬非常態	地點較固定
營業人數規模	多且不固定	相對較小且固定
現行法律規範經紀人數比率與實際執業人數差異	偏低且不易掌握	相對較正常
營業人員流動率	高	相對較低
重視人員證照資格取得態度	較不重視	較重視
有無落實經紀人簽章制度	相對偏低	較正常
營業金額	高	單店相對較小
繳交營業保證金	有	有
營業保證金占其營業總銷售金額比例	偏低	低

項目／行業別	不動產代銷業	不動產仲介業
收費對象	建商	買賣（租賃）雙方
收費標準	法令無明文規定，實務上按其經營方式收費	不得超過 6%
收費標準是否揭示	無	依法須於明顯處揭示
有無籌組地方公會	有，但非每縣市均成立	普遍設立
公會對所屬會員的規範能力	相對較低	相對較高
現行政府管理難易程度	相對較低	較易管理

資料來源：本研究自行整理。

　　若以批發與零售的概念來解釋仲介與代銷兩業之差異，前者像是零售，而後者則像批發，雖於交易過程投入同樣的成本，但兩者所獲得的效益卻有差別。不動產仲介業專營不動產二級市場，收費標準是依成交總金額向買賣雙方各收取一定成數的服務費，收費來源主要是來自於買賣雙方；至於不動產代銷業收費標準，則是按建案的總銷金額向建築商收取契約約定的費用，對不動產一級市場消費者而言，不動產代銷業的服務是免費的，但事實上不動產代銷業者會將這一部分的費用反映在其銷售房價上，對於消費者而言，也未必是得到好處，且不動產代銷業的業務性質不僅是銷售房屋，對於建案產品的開發、建築規劃、成本核算、廣告等方面均須併同參與，與建商形成緊密之合作關係，形成一套利益共享、風險共擔的運行機制，是以，不動產代銷業等同於建築商的代言人，在執行與消費者協商、談判、交易過程中，有一面倒向建築商利益的誘因，與不動產仲介業相較，不動產代銷業在銷售房屋過程中，會有球員兼裁判的情形發生，這會對不動產市場造成交易障礙，增加交易雙方的交易成本。

不動產代銷業的個案代理方式

　　近幾年來，房屋代銷公司的蓬勃發展，反映出「市場」導向日趨重要及「銷售」專業化被顧客肯定，為使成本合理化，建商不得不採取大規模的經營，為追求正確的市場研判，並降低成本減少風險，必須與專業化的行銷公司合作，否則自行成立廣告部門，因開銷大、案件少，經營績效不易提高，人才也不易留住；因此，「投資分析」與「廣告代銷」業者已成為建築投資業確實需要的服務事業。

　　代銷公司是以賺取銷售佣金為主，因為案子的銷售金額有大小之分，大者數十億以上，小者幾億而已；有的是從開始到結束都需要代銷公司來處理，有的是已經銷售過所剩的餘屋，由於情況不同，處理的方式可以分為很多種，再加上有些業主習性不同，所以在接案時，就有以下的處理方法：

　1. 包銷

　　對代銷公司而言，這是一種最通行的方式，從業務執行費用、廣告費用、企劃費用支出，全由代銷公司負責到底，以銷售業績結算服務報酬費用。業主只需準備開工的工作，以及工地現場的整理；其優點是，因抽取服務費成數較高，代銷公司控制力較強，但風險較大，如銷售反應好時可大賺一筆；其缺點是，如果個案研判錯誤，反應不良時，就可能大賠一場，尤其景氣佳時，代銷公司之間因為搶案子，流行「包成數」之情形，雙方約定未達到一定銷售成數不請款，才是代銷公司的致命傷；如果市場買氣有一些不利因素出現，公司財務不健全者，往往會關門大

吉，故維持本身的利潤及最低的風險，應是代銷公司相互間應有的默契。一般來說，此種方式抽取的成數，在臺北市區服務費大多在 5.5%～6% 之間，而中南部之區域，服務費抽取成數較低，約在 5%～5.5% 左右。

2. 代銷（純企劃）

指代銷公司只替業主提供業務執行及廣告製作，而廣告費用的支出，一概由業主自行交付，代銷公司只代為製作及發包而已，此種優點是有些業主看好自己的產品，認為可輕鬆銷售者，故只請代銷公司代為服務一下，廣告費用由業主自行負擔，業主的主導性較強；服務費約在 1.5%～2.5% 左右，視案子的大小而定，北部業者習慣稱此合作模式為純企劃。

3. 包櫃

而有些案子，因業主本身有十足把握，且戶數並不多，只做簡單的廣告而已，所以自己找銷售人員幫忙，稱「純銷售」。而純銷售方式也差不多，一般都採日薪加銷售獎金，如每月月薪每位銷售人員 3～5 萬元，另加銷售獎金每戶抽取服務費 1‰～5‰ 不等，視案子大小、難易而分。

4. 純企劃

由建設公司支付全部的廣告費用、業務執行費用（包含接待中心之水電費、電話費）等，代銷公司只單純負責媒體設計及企劃費用。有一些案子本身地段不錯，案子銷售金額也不大，業主本身也有銷售人員，只需要廣告公司製作廣告者，稱為「純企劃」，由於純企劃方式的設計公司不負責廣告費用，其面臨的風險較低，因此通常其服務費用與成交金額無關，是一筆固定的費用，而此費用約為總銷金額的 0.8%～1.5% 左右。

簡單整理雙方之差異如下：

雙方之差異	仲介	代銷
銷售個體不同	中古屋或成屋	預售屋
銷售規模不同	「戶」為計量單位	個案為標的
銷售出發點不同	賣的就是一個實際的個體，是親眼目睹貨真實體的房子	雖然賣的是房子，但更多的比重是在賣一個夢想
銷售金額不同	銷售的金額較少，是風險較低、利潤低的行業	銷售的金額大，是風險大、利潤亦大的行業
銷售動員不同	屬於單兵作業，自己開發案源，並且緊迫盯人銷售	代銷業以團隊合作為主
銷售模式不同	固定的店頭，傾向單打獨鬥的方式，由個人負責掃街開發案源並銷售	接待中心有銷售的工具可供運用，銷售人員一般銷售時多採「守株待兔」的方式
銷售注重專業不同	除銷售實務外，比較偏重土地建物產權登記及相關代書流程等專業知識	對專業知識，除行銷的理論實務外，較偏重建築法規及相關法令

房屋代銷公司景氣好壞經營方式比較表

經營方式 ＼ 景氣別	景氣低迷	景氣熱絡
經營心態	守勢經營、謹慎保守	攻勢經營、敢拚敢衝
接案方式	純企劃或企劃銷售	包銷包成為主
保證成數	不包成數	保證高成數銷售
服務費率	服務費率高	服務費率不斷壓低
加價	加價少	賺加價
廣告支出	緊縮、精簡	龐大

景氣別 經營方式	景氣低迷	景氣熱絡
保證票	少有押票	押廣告保證票
銷售期間	長期抗戰	短期結案

代銷業特性

　　近幾年來，房屋代銷公司的蓬勃發展，反映出「市場」導向日趨重要及「銷售」專業化被顧客肯定，為使成本合理化，建商不得不採取大規模的經營，為追求正確的市場研判，並降低成本減少風險，必須與專業化的行銷公司合作，否則自行成立廣告部門，因開銷大、案件少，經營績效不易提高，人才也不易留住；因此「投資分析」與「廣告代銷」業者，已成為建築投資業確實需要的服務事業。

　　代銷公司特性如下：

　1. 團隊合作、整合行銷

　　代銷公司的組織比較單純，一般只分為市調部、推廣部、業務部、企劃部、管理部、財務部。各部門的工作都非常明顯，而且互相關聯（見 p.40～41 流程圖及組織圖）。

　2. 行銷創意、企劃銷售

　　預售個案在未興建完成前，賣給客戶的就是一個希望，如同一個夢，所以銷售期間如何去包裝產品及行銷未來的夢，就是廣告公司的本領，創意就是廣告人的賣點。

　3. 以人為主、年輕有勁

　　廣告公司是一些創意人的組合，人就是其最大的資源，因為

每天都需面對不同的挑戰,年輕就是最大的本錢。

4. 本少利快、易入易出

房地產是一個景氣循環的行業,景氣熱絡時,案子很快就完銷,投入的資金回收快。在大臺北地區預售市場差不多二至三個月就可結案,假如採包銷制,廣告費用只花費佣金成數的一半,卻可賺取一倍的利率,如加上加價 3/7 分,數目更可觀。

5. 雨傘生意 vs. 永續經營

要在業界建立品牌,才能獲得業主的信賴,否則打代跑,很快會在業界消失,不可有太投機的心態。

現行代銷業者所扮演的角色,除了包含代銷業務外,通常還包括協助建設公司處理廣告企劃、土地開發的角色。在不動產經紀業管理條例公布前,由於代銷業者角色定位渾沌不明,兼有土地開發商、建商、廣告商間之不確定角色定位,讓消費者與建商之間存有極高的資訊不確定狀態;而也由於其處於資訊的掌控者,加上該產業特殊的銷售模式,除協助建商達成銷售目標外,更在建商與消費者間建立「防火牆」模式。代銷業者是不是應該繼續存在?答案當然是肯定的,代銷業者當然有其存在之絕對必要。一個建築開發案是否能成功銷售之關鍵,除受當地房地產景氣上升、交通、公設條件改善等影響外,主要仍須配合適度的包裝與行銷,才能創造較佳的績效。而適度的包裝、行銷雖未必馬上能達成快速去化目的,但此等作為往往能被認同,能相對增加該標的在不動產市場的能見度。

代銷人應有的素養

國內代銷公司高達數百家之多，而有名的代銷公司僅 20 餘家，如：北部公司——海悅、新聯陽、甲山林、華邦、甲桂林等；中部公司——左上角；南部公司——上揚國際、興連誠等，皆在業界頗負盛名，多是長年累積的實力與信譽，也具備以下代銷人應有的素養：

1. 誠信原則

   遵守與業主的承諾，兌現乙方應盡的責任。

2. 建立信心

   熟悉市場動態，隨時掌握市場變化，提供業主最快的訊息。

3. 職業道德

   遵守同業規範，不互相攻擊製造業績，或以不法手段達到行銷的目的。

4. 敬業精神

   發揮團隊精神，完成業主所交辦的使命，努力創造佳績。

5. 企業倫理

   遵守企業倫理，與業者共同開發商機，共創雙贏。

2022 年全臺十大代銷公司

排名	代銷公司	接案量（億元）	個案數
1	海悅國際	1,304.2	40
2	甲山林	1,194.5	16
3	新聯陽	996.3	22
4	新高創	448.0	17
5	新理想	418.0	25
6	創意家	418.0	16
7	信義代銷	390.8	31
8	璞園	358.0	12
9	圓石灘	281.3	17
10	甲桂林	195.0	6

 不動產仲介業分析

產業發展情形

(一) 產業發展階段

　　臺灣不動產仲介業之發展歷程自民國 60 年代的萌芽階段，傳統買賣時期開始，至 70 年代的零星戶銷售時期，到 80 年代的仲介業興起，可概分為三個時期，茲說明如後：

　1. 傳統時期（民國 66 年以前）

　　此時期賣方自行張貼房屋出售廣告，如張貼「吉屋出售」紅紙條於房子圍牆或附近看板，有興趣者在看到紅紙條後，可自行和屋主聯絡或直接上門查詢。此時期由親友介紹而得知買賣房屋

訊息的情形也很普遍，當時的買賣中間人均非專業人士，也不是以介紹售屋訊息為主要職業。因此，一般來說，都是成交後由買賣雙方各自包紅包酬謝售屋訊息的告知者或從中牽線者。如果沒有透過親友，自己張貼紅紙條就完成買賣交易者，則可省下一筆開銷。

直到民國 60 年，國內開始有專業房地產介紹人，公開買賣、租賃房地產。當時經濟不景氣，臺北房屋創立「房屋預售制度」之後，卻因預售制度問題叢生，促使成屋成為房地產預售屋市場蕭條下的有利商品，專營此類房地產商品的「零星戶代銷公司」也應運而生，成為目前房屋仲介業的前身。後來許多老字號卻無店面式經營的不動產仲介業者陸續出現，這些業者都是以承租辦公室的型態經營，業務內容多是零星戶代銷。當時「房屋仲介」的定位尚未成熟，也無該名稱，政府在民國 63 年明令禁止以房地產買賣為業務的公司辦理登記，多數業者便紛紛以建設公司等行業別登記公司名稱，或掛名代書事務所卻從事房屋仲介。此時房屋仲介業屬於最混亂、最受爭議的一個階段，因無行業別，加上幾乎是無本生意的經營型態，所以光靠一張嘴就可爭取到一些生意，故發生不少爭議。當時的業者非常擅長利用類似詐騙的手法，使買賣雙方在不知情的狀況下，平白損失自身權益而不自知。此時的交易並無任何「透明公開」的做法可言，一屋兩賣、業者充當假客戶拉抬售價、賺取差價、低價買斷再高價出售的情形非常普遍，消費者抱怨也沒有用，對於幫人買賣房屋的公司或業務人員多抱持不信任的態度。

這個階段的初期，零星戶代銷公司多以建商為服務對象，而開發中古屋市場業務的公司多出現在較後期，民國 66 年勵行建

設公司成立，成為臺灣第一家從事房屋仲介的公司。

2. 醞釀時期（民國 66 年至民國 73 年）

中古屋市場交易於民國 69 年開始漸漸轉型經營後，如前面所敘述，其所受委託之房屋相對於整批銷售的預售屋而言較為零星，即「零星戶銷售公司」，此階段也稱為「零星仲介期」，為房屋仲介公司的前身。

經濟部於民國 73 年底，才正式開放以「房屋仲介」為行業名稱辦理登記。此項政策的影響，使得從事房屋租賃及介紹買賣的業者在沒有取得正式登記前，即使已設立並營業的公司，仍不能算是正規的不動產仲介公司。簡單的說，在民國 73 年底以前，國內沒有一家業者是以合法房屋仲介公司的名義，取得合法的營業執照，也就是沒有所謂的房屋仲介公司。

3. 仲介發展期（民國 73 年至民國 84 年）

回顧臺灣的房屋仲介業自民國 73 年政府正式開放合法化後，其發展歷程可細分為五個階段，包括民國 76 年以前的萌芽期、民國 77 年至 78 年的快速成長期、民國 78 年至 84 年的盤整期、民國 85 年至 88 年的大型仲介期以及民國 88 年以後的不動產經紀業時代。

4. 「不動產經紀業」時代的來臨（民國 88 年以後）

房屋仲介業歷經十多年動盪後，終於在民國 88 年元月通過「不動產經紀業管理條例」，並於同年 2 月由總統公布實施，「仲介業」及「仲介人」正式定名為「不動產經紀業」與「不動產經紀人員」，賦予國家證照與法律約束，提升了經紀業的體質及經紀人員的專業素質與服務品質，也代表不動產市場正式邁入法制化的新紀元。

(二) 產業發展現況與概況

1. 臺灣仲介業經過幾十餘年的經營發展，已明顯的區分出兩種經營方式

   (1) 樓面式經營（即高普專式）

   即高專公司和普專公司之合稱。普專公司係採取責任中心之制度及利潤中心之制度，所招進之人員以不熟悉房地產人員為主，由公司訓練，採底薪制，特色是人員編制龐大、流動率高、大量招募新人補充新血。高專公司係偏向個人單打獨鬥方式，以不支底薪方式專業開發案件，案件累進計酬，依各公司規定利潤拆分。高普專式經營方式因係採用責任中心制及利潤分配制，其經營成本較低，經營場所集中同一樓面，租金成本較低加上仲介人員無底薪或低底薪，經營成本自然較低。不過因為其營業地點係樓面式，經營上全靠仲介人員開發及銷售，案源較易受限制，房地產景氣好時較不受影響，若景氣低迷，則經營風險相對提高。以前「巨東房屋」及「康林房屋」即為此經營方式。

   (2) 店頭式經營

   係採商圈定點式經營，優點為較易掌握客源，在案源的開發及物件的消化上較穩定，只是店面租金昂貴、成本相對提高，加上適任店長栽培不容易，成長上比較吃力。

   店頭式經營又可分為直營體系的仲介公司，以目前的「信義房屋」、「太平洋房屋」、「永慶房屋」為代表；加盟體系的仲介公司以「東森房屋」、「住商不動產」、「中信房屋」、「21世紀不動產」、「永慶不動產」、「ERA不動產聯盟」等為代表；加盟體系又細分為兩種不同型態的

加盟方式，一種是以住商不動產、東森為代表，所採行的方式是除了加盟權利金外，總公司每月向加盟店收取固定月費，不過自簽約日起，即提供尋找店面、店面設計、業務人員招募及教育訓練等，加盟店所採用的招牌及契約格式等，均採用同一模式。若發現加盟店違反總公司經營理念，可加以處分，甚至取消加盟資格。另一種則是以「惠雙房屋」、「南北房屋」為代表，加盟方式為繳交權利金，不必繳交任何年費、月費就可以使用聯盟招牌，最大的特色是，加盟者除了使用聯盟的招牌即可運用聯盟的物件資訊外，其營運完全不受聯盟的約束。

2. 產業特性

房屋仲介業的主要工作是以不動產買賣介紹及服務為其產品，因商品本身較為特殊，因此在行銷策略與性質上與其他服務業有所差異，其產業的特性略述如下：

(1) 屬高度安全信賴需求的產業

　　不動產的交易金額龐大，產權移轉時間較長，程序認證較繁複，消費者最在意的是權益之保障。故政府推動的相關法令，如「公平交易法」、「消費者保護法」、「不動產經紀業管理條例」及各契約範本等之實施，即為促進交易的安全與保障。

(2) 高度資訊情報需求的產業

　　因為客戶交易金額龐大，必須擁有充分知的權利，包括整個市場行情、買賣狀況、產權與相關交易行為的法令依據，均顯示整個透明化的交易過程皆需各種相關情報資訊的即時支援及取得，確保提供正確的資訊是產業的基本需求。

(3) 產業進出門檻低

　　房屋仲介公司的開辦與營業成本低，技術層次不高，許多人憑藉著自己的人脈關係，便可以跨足此一產業，且同業彼此間在欠缺合作之精神下，使我國不動產仲介業市場競爭相當激烈。

(4) 政府扮演的角色舉足輕重

　　政府對房地產市場的興衰扮演了極重要的角色，通常透過財政貨幣政策、財稅政策及其他都市計畫有關之立法來加以干預或制度化，有些政策雖可能影響市場供需之健全機制，但也使我國不動產仲介業的發展愈來愈著重服務品質與消費者權益。

(5) 為高價值且增值性高之財貨

　　根據報導顯示，房價屢創新高，受薪階級想買房愈來愈困難。房仲業者指出，臺北市購屋壓力逐年擴大，2022 年第 2 季的房價所得比已達 16.00 倍，創下歷史新高。其中，又以信義區房價最驚人，一般家庭要不吃不喝 14 年才能買下 30 坪的房子。臺北每戶平均房貸負擔率 66.12%，為全國最高。

 2022年第2季全國及六都房價負擔能力指標

	房貸負擔率（%）	房貸負擔率（百分點）		房價所得比（倍）	房價所得比（倍）	
		季變動值	年變動值		季變動值	年變動值
全國	39.62	1.27	3.35	9.69	0.11	0.62
新北市	52.41	0.96	3.93	12.82	-0.04	0.69

	房貸負擔率（%）	房貸負擔率（百分點）		房價所得比（倍）	房價所得比（倍）	
		季變動值	年變動值		季變動值	年變動值
臺北市	66.12	1.21	3.01	16.17	-0.05	0.38
桃園市	32.01	0.51	1.72	7.83	-0.04	0.25
臺中市	45.54	0.46	6.08	11.14	-0.13	1.26
臺南市	38.26	1.42	6.62	9.36	0.15	1.44
高雄市	38.17	2.58	7.81	9.34	0.44	1.74

(6) 專業知識既寬且廣

　　房屋仲介業在結構上是人力、知識密集的產業，由於不動產的每項商品均為高價值且具個別特性，因此房屋仲介業的從業人員必須具備精深的專業知識，如鑑價、地政士流程及售後服務等，以確保客戶的權益。此特性促使產業內的各大企業重視專業人員培訓，研擬出一套完整的系統，同時設立一些專業的訓練機構，培養專業的仲介人員，提升人員的素質。

(7) 人力密集螞蟻雄兵

　　從開發買方、賣方開始，經物件調查、房屋鑑價、製作產權資料說明、廣告、協商、簽約到完成交易，並非幾天即可完成，且手續繁雜，需投注大量人力、物力、時間等，故在整個過程中，需透過許多仲介人員加以完成。

 2022 年 10 月 30 日全國經紀營業人數及家數

經紀業家數	8,348 家
經紀業營業人數	54,211 人

(8) 帶動其他附屬性消費

由於購屋的關係，因而會產生許多周邊的商機，如家具消費、家電用品的訂購、搬家服務等，因此帶動其他附屬性產品的消費。房屋仲介業者為了促進買賣的成交，除了仲介物件買賣之外，還必須適時擔任諮詢顧問服務的角色。

(9) 為區域性產業

不動產仲介業為區域性（Local）的產業，每個地區的房價、特色各不同，習性、風俗人情亦不盡相同。

3. 經營概況

(1) 中大型連鎖以信義、永慶、住商為代表，都屬於全國性品牌，地理涵蓋區域遍及全臺，店面數在 300 家以上，其中信義為直營體系，住商為加盟體系，而永慶房屋為直營體系，永慶不動產為加盟體系所提供服務的完整性則大致相同。

(2) 除了全國性直營或加盟的不動產仲介業者外，各地區也存在許多區域性經營的不動產仲介業者，如高雄市有興根房屋、雄信房屋、富住通商用不動產等；臺中市有臺中房屋、惠雙房屋、永春不動產等；臺南市有南北房屋、幸福家房屋、大豐富房屋等。有些房仲業為強調在地品牌，會以縣市名稱為公司品牌，而以縣市名稱為品牌發展直營或加盟的房仲公司，則有大高雄地產、大臺中不動產、大臺南不動產等三家房仲業者。

不動產仲介業概述

一、不動產仲介簡介

(一) 起源

房屋「仲介」這個名詞，使用上取法於日本，中國人自古就很懂「中人」之藝術。當介紹賣方或買方達成交易後，獲取雙方所送的紅包，「意思、意思」之情形，但無形中也成為民間約定俗成的習慣。

　　註：不動產經紀業包括仲介業及代銷業，仲介業務辦理不動產買賣、互易、租賃之居間或代理業務。代銷業務則是受起造人或建築業之委託，負責企劃並代理銷售不動產之業務。（不動產經紀業管理條例，公布於 88.2.3）

(二) 稱謂

1. 中人

　　「中人」是早期房地產仲介人的稱呼，意為介紹人，也具有中間人、見證人的意思。

2. 牽猴仔

　　「牽猴仔」則是較為輕蔑及難聽的稱呼，源自於中人總能在買賣成交後，得到一筆可觀的報酬，眼紅之人便帶著酸溜溜的心情說：「遊手好閒，不過牽給人認識，只是『買空、賣空』，不費吹灰之力就賺錢，『介紹一下』，何必這麼多錢，悻悻者就把『牽給人認識』的人，叫做『牽猴仔』」。

3. 跑單

　　「跑單」則是另一種的稱呼，起源於 60 年代，是指沒有設立公司商號的房地產介紹人，「一個或兩個人在四處蒐集買賣情報，四處為人介紹」為仲介之個體戶。

　　註：「人必歸業」、「業必歸會」→證照制度

4. 不動產經紀人員

指經紀人或經紀營業員。

(1) 「經紀人」之職務為執行仲介或代銷業務。

(2) 「經紀營業員」之職務為協助經紀人執行仲介或代銷業務。

(三) 資格取得

1. 不動產經紀人

　　須經國家考試及格，應具備一年以上之經紀營業員經驗，並請領有不動產經紀人證書者，得充不動產經紀人，該證書有效期間為四年，期滿時，經紀人應檢附其於四年內，在中央主管機關認可之機構、團體完成專業訓練三十個小時以上之證明文件，辦理換證。

2. 經紀營業員

　　須經中央主管機關認可之機構、團體完成經紀營業員訓練三十個小時以上，並登錄及領有經紀業營業員證明者，期滿時，經紀營業員應檢附其於四年內，在中央主管機關認可之機構、團體完成專業訓練二十個小時以上之證明文件，辦理換證。

(四) 服務報酬

1. 「照子午走」

　　既然介紹雙方買賣房屋，一旦成交後，給個紅包表示「意思意思」，一則爲感謝，也讓介紹人的辛苦有所回饋。臺灣有句俗語「照子午走」，意爲依照善良習俗形成的規矩來行事。

2. 「買一賣一」「買二賣一」「買三賣一」

　　當雙方透過仲介都有意思進行買賣，當然會問「佣金」多少？成交後的佣金比例，以前認爲買房子是喜事應該讓人沾沾喜氣，所以給多一點，買方 3%，賣方 1% 就成習慣。但佣金制度眞正形成合理之佣金比例規定，則是在法制化後，即內政部所規定之「服務報酬收取標準及方式」。

3. 「差價」

　　係指實際買賣交易價格與委託銷售價格之差額。不肖業者藉由欺瞞「低買高賣」、「三角牽」賺差價，或「買斷」來賺取不當利益等方式，故以往消費者也普遍用「買清」與「賣清」來因應，但因資訊不透明的情形下，賺取差價之情形，還是相當頻繁，直到「不動產經紀業管理條例」通過後，產業秩序才有正式服務標準規範。

　　註：中央主管機關所定之服務報酬標準：買賣之服務費不得超過成交價金之百分之六（買四賣二），出租之服務費不得超過成交月租金之一個半月。

(五) 法制化下的不動產經紀業

　　在過去大多數人的印象中，認爲不動產仲介業是一種流動性

高的過渡性工作，然而，隨著時代的不斷變遷，產業分工細分化、專業的訴求、交易資訊的公開透明及對產權移轉安全的重視等，人們開始對不動產這項高價位的耐久財，於消費性的決策中，抱持高度警覺慎重的態度，畢竟多數人一生中交易的機會有限，所以，專業的經紀業及經紀人員成為人們買賣不動產時重要的媒介。

(六) 商品及服務

　　仲介業主要的商品及服務，透過經紀人員與賣方客戶簽訂「委託書」，將其所委託之不動產，如：土地、房屋（物件），透過經紀人員行銷找尋買方客戶，並接受買方委託的「要約書」或「斡旋金收據」，透過經紀人員向賣方議價及撮合、協調價金條件，在民法上具備「委任」與「居間」之責任。

1. 委任

　　稱委任者，為當事人約定一方委託他方處理事務，他方允為處理之契約。

2. 居間

　　稱居間者，為當事人約定，一方為他方報告訂約之機會，或為訂約之媒介，他方給付報酬之契約。

二、經營型態

(一) 美式、日式及本土

1. 美式仲介

　　主要參考美國 Century 21 及 ERA 等公司經營模式，重視企業形象，希望提供專業安全保障及公開、公正的交易過

程，除了是買賣居間者，也辦理產權移轉。

2. 日式仲介

主要參考日本三井不動產，在日本其人口相當稠密，仲介業重視公司經營管理、團隊效率及「師徒制」、「商圈耕耘」及街道管理（掃街）觀念。而我國立法所規範的營業許可制度、不動產經紀人證照、營業保證金制度、契約書專任與一般委託契約等相關規定，主要仿效日本。

3. 本土經營仲介

此外，也有很多本土的單店經營型態、單打獨鬥或代書業轉型經營的仲介型態。

(二) 樓面式與店頭式

1. 樓面式

「樓面式」經營是指公司在二樓以上，由於樓面式辦公室租金相對較低，經營成本也低，透過教育訓練及人員彼此的競爭壓力，提高人員的戰鬥力；但較少論及企業形象或服務品質的觀念，同時也較沒有商圈經營及來店客源的建立，以及與客戶建立友誼的關係。

2. 店頭式

「店頭式」經營則是在一樓的經營方式，所採取的是「商圈精耕」的策略，鎖定固定的區域與當地的鄰里居民建立良好的關係，以尋求業務的機會，因此對於地段的行情及學區、市場、交通、地理環境等更能夠掌握，交易成功機率大增。

✎ 不動產經紀業管理條例相關管理規範簡表

重點	內容
擔任不動產經紀人員應具備條件	從業人員必須取得下列專業證照： ◎欲擔任不動產經紀人者需經不動產經紀人考試及格，並依不動產經紀業管理條例規定領有不動產經紀人證書。 ◎欲擔任不動產經紀營業員者需經中央主管機關或其認可之機構、團體舉辦之不動產經紀營業員訓練合格或不動產經紀人考試及格，並向中央主管機關指定之機構、團體登錄及領有不動產經紀營業員證明。
不動產經紀人之業務	不動產之買賣、互易、租賃或代理銷售，如委由經紀業仲介或代銷者，下列文件應由經紀業指派經紀人簽章： ◎不動產出租、出售委託契約書。 ◎不動產承租、承購要約書。 ◎定金收據。 ◎不動產廣告稿。 ◎不動產說明書。 ◎不動產租賃、買賣契約書。 前項第一款及第二款之規定，於經營代銷業務者不適用之。
經紀人應為與不得有之行為	◎經紀業應將其仲介或代銷相關證照及許可文件，連同經紀人證書揭示於營業處所明顯之處；其為加盟經營者，應一併標明之。 ◎經紀業或經紀人員不得收取差價或其他報酬，其經營仲介業務者，並應依實際成交價金或租金，按中央主管機關規定之報酬標準計收。違反前項規定者，其已收取之差價或其他報酬，應於加計利息後加倍返還支付人。 ◎經營仲介業務者應揭示報酬標準及收取方式於營業處所明顯之處。 ◎經紀業與委託人簽訂委託契約書後，方得刊登廣告及銷售。前項廣告及銷售內容，應與事實相符，並註明經紀業名稱。廣告及銷售內容與事實不符者，應負損害賠償責任。 ◎經紀人員在執行業務過程，應以不動產說明書向交易相對人解說。

(三) 直營店與加盟店

1. 直營店

　　所謂「直營店」，即由公司直接拓點設立，在營運、管銷、人員的委派和升遷及教育訓練等，全部都由總公司統籌管理，其優點在於管理與素質的整齊，經營者較易掌控。大都採高薪低獎金制，強調企業識別 CIS（Corporate Identity System），專業人員平均年齡層較輕、可塑性強。

2. 加盟店

　　在「加盟店」方面，是由加盟總部以契約約定使用其發展之服務、營運方式、商標或服務標章及提供經營 Know-How 給加盟店，採取品牌授權做法，收取一定的權利金（加盟金）、保證金及使用月費（廣告費），以品牌知名度作為經營策略。各加盟店則是經營獨立，強調個人形象識別 PIS（Personal Identity System），平均年齡層較高，經營上重視個人行銷魅力與口碑。

 直營店與加盟店比較表

	優　點	缺　點
直營店	• 對於總公司的決策能貫徹 • 服務有一定水準 • 物件流通較容易 • 員工素質易掌握，形象較能統一	• 成本高，拓點不如加盟店快 • 業務獎金較中、低，員工淘汰率高 • 服務費沒有彈性
加盟店	• 成立成本由店東負擔，容易快速擴大規模 • 可得到總部企業品牌與輔導 • 屬小型業者結合，提升生存能力	• 總部決策不易貫徹 • 對加盟店較無控制力 • 多數加盟店的月費支出永無止境 • 僅作品牌授權，業務支援仍然有限 • 客戶爭議法律訴訟對象非總部

(四) 高專與普專

　1. 高專

　　　所謂「高專式」指高級專員,而現在的公司之從業人員通常沒有底薪,或者僅拿少數車馬費,公司採「低底薪、高獎金」制,主要按成交金額計算酬勞,多數房仲公司將服務費一半歸公司,一半歸業務人員所有。

　2. 普專

　　　所謂的「普專式」指普通專員,至於與高專最大的不同為採「高底薪、低獎金」的制度,每個月有基本的業績要求,採責任中心制度,因為有保障底薪,對於員工也較容易要求。

(五) 開發與銷售

　1. 開發

　　　指賣方客戶之仲介作業。首先應了解賣方客戶之求售底價,並進行產權調查,如所有權及他項權利、有無限制登記或禁止處分等情事,在經查明無誤後,始進行現場勘查,了解鄰里環境、建物維護程度及居住品質,而後與賣方討論售價後,便全力進行銷售。

　2. 銷售

　　　指買方客戶之仲介作業。首先應了解買方客戶之購屋條件,如購屋意願、職業、家庭背景等具體需求,及購屋資金額度與來源等,介紹物件並且帶看撮合。

三、重要交易規範:不動產契約書

不動產仲介業交易皆需要透過契約書來規範,其不動產經紀

業管理條例第 22 條規定：不動產之買賣、互易、租賃或代理銷售，如委由經紀業仲介或代銷者，下列文件應由經紀業指派經紀人簽章：

一、不動產出租、出售委託契約書。

二、不動產承租、承購要約書。

三、定金收據。

四、不動產廣告稿。

五、不動產說明書。

六、不動產租賃、買賣契約書。

前項第一款及第二款之規定，於經營代銷業務者不適用之。

第一項第五款之不動產說明書應記載及不得記載事項，由中央主管機關定之。

其重要交易規範如下：

(一) 契約審閱期

仲介業在與消費者定型化契約前，應給予消費者合理的契約審閱期，依中央主管機關規定至少要有三日或五日以上的契約審閱期間。

(二) 專任委託與一般委託

委託銷售契約書可分為「一般委託銷售契約書」（簡稱「一般約」）及「專任委託銷售契約書」（簡稱「專任約」），兩者之間最大的不同是，後者會清楚載明「在委託期間內，不得自行出售或另行委託其他第三者從事與受託人同樣的仲介行為」等字樣。

1. 專任委託

「專任委託銷售契約書」係專賣契約，俗稱「綁約」，一旦簽訂委託後，就要依照契約的相關條件、期間約定，交由仲介公司，不可以自行出售或再交由其他仲介業來銷售及介紹。專任約的優點是有專人處理，房屋銷售品質容易控制，銷售速度也會因而加快。

2. 一般委託

一般委託契約書則是無專賣權，又稱「開放性委託」，屋主可以自己賣或同時委託他人同步進行，一旦出售時就停止銷售。如果你跟多家簽訂一般委託銷售，由於各家簽訂委託的時間不同，除了各家陳述方式不同外，價格也迥異，這將會讓消費者看得眼花撩亂，因而降低買方對此物件的信賴度。

(三) 不動產廣告稿

仲介業所做之廣告文宣，必須遵守廣告內容真實之義務，不得有虛偽不實、引人錯誤之表示或表徵，如有不實時，應負損害賠償責任。例如：不得記載廣告內容僅供參考、不得使用非法定名詞定義「使用面積」、「受益面積」、「銷售面積」或非領有建造執照的「夾層面積」、二次施工等。

(四) 不動產說明書

不動產說明書是「產權之說明及記載」，是消費者在交易過程中之必要文件，其委託人及經紀人均須簽章，不動產仲介業要以不動產說明書向交易之相對人解說，成交時為交易之重要附件，為不動產契約書之重要憑證。

房仲人員在接受屋主委託時，必須做兩項功課，一是讓屋主

填寫「屋況說明書」，並詳加審閱與善盡調查責任；二是房仲人員必須填寫「不動產說明書」，且由合格房仲人員善盡調查責任並親自簽字後，交由屋主簽字確認。

(五) 要約書及斡旋金

1. 要約書

所稱「要約書」，限指載明購屋意思表示，為不動產經紀業者向賣方議價之書面，而購屋人不必預先交付一定金錢予不動產經紀業者。

2. 斡旋金

所稱「斡旋金」，限指購屋人交付一定金錢予不動產經紀業者，委其代為向賣方協議交易。

消費者在委託仲介業者購買房屋時，除了支付斡旋金以外，也可只簽立要約書給房仲業者，而不必支付任何款項，房仲業者便會依據此份要約書和屋主議價。如果屋主同意買方的價格，雙方之後就會簽訂正式的買賣契約。

仲介買賣交易流程

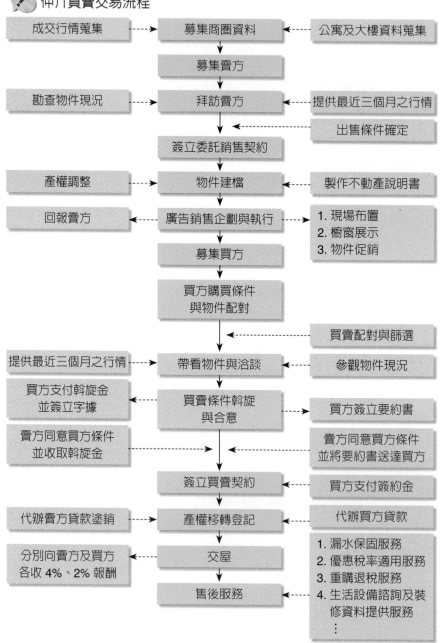

成交行情蒐集	⤏	募集商圈資料	⤎	公寓及大樓資料蒐集
		募集賣方		
勘查物件現況	⤏	拜訪賣方	⤎	提供最近三個月之行情
			⤎	出售條件確定
		簽立委託銷售契約		
產權調整	⤏	物件建檔	⤎	製作不動產說明書
回報賣方	⤎	廣告銷售企劃與執行	⤏	1. 現場布置 2. 櫥窗展示 3. 物件促銷
		募集買方		
		買方購買條件與物件配對		
			⤎	買賣配對與篩選
提供最近三個月之行情	⤏	帶看物件與洽談	⤎	參觀物件現況
買方支付斡旋金並簽立字據	⤎	買賣條件斡旋與合意	⤏	買方簽立要約書
賣方同意買方條件並收取斡旋金	⤏		⤎	賣方同意買方條件並將要約書送達買方
		簽立買賣契約	⤎	買方支付簽約金
代辦賣方貸款塗銷	⤏	產權移轉登記	⤎	代辦買方貸款
分別向賣方及買方各收 4%、2% 報酬	⤎	交屋	⤎	1. 漏水保固服務 2. 優惠稅率適用服務 3. 重購退稅服務 4. 生活設備諮詢及裝修資料提供服務 …
		售後服務		

四、不動產仲介的作業流程

不動產仲介的作業流程可以分為：

(一) 開發

「開發」為業績之父。想要成為百萬營業員，先開發物件來當庫存，才能在休假時有業績出現。

(二) 簽約

與屋主簽訂委託銷售契約書時要注意：(1)屋主售屋動機；(2)屋主的期望售價；(3)屋主委託的銷售期間。

(三) 銷售

「銷售」為業績之子。做好帶看準備工作、議價技巧運用、以促銷手法來試探買方、要約、斡旋金的收取，理性訴求、維持和諧。

(四) 過戶

買賣雙方應準備之簽約及用印過戶資料、稅費金額之計算、付款流程等。

(五) 交屋

銀行貸款之撥付、權狀書類及房屋現場之點交、尾款交付完畢，仲介費用結清。

其中尤以開發和銷售最為重要，另外簽約（委託書）是重頭戲，專約更不簡單。一般客戶喜歡與各仲介公司簽訂普通約，讓仲介公司互相競爭，加速物件之去化。

(一) 開發實務

1. 開發來源

　　一般而言，開發來源有三：「人」、「廣告資訊」、「創意做法」。

(1) 人：「沒關係找關係、有關係沒關係」，所以舊雨新知、親朋好友、左鄰右舍、街坊鄰居、九同、五老等。

(2) 廣告資訊：平面媒體、立面媒體或電波媒體。

(3) 創意做法：陌生拜訪（Cold Call）或房屋展售（Open House）。

 開發來源

人	廣告資訊	創意做法
1.舊客戶 2.親朋好友 3.聯誼會會員 4.椿腳 5.代書、銀行職員 6.預售屋銷售人員 7.大樓管理人員	1.報紙租、售屋開發 2.租、售屋紅字條 3.社區公布欄 4.電話簿開發 5.網路開發	1.區域之售屋資訊清查（掃街） 2.名冊開發 3.商圈人脈之經營 4.建設公司 5.買方客戶

2. 開發的方法——區域商圈經營

　　特定區域，作市場調查、分析、規劃，充分掌握市場的最新房地產情報及政策的掌握，並且隨時調整擬定區域行銷策略，做有系統之開發與行銷，以達到特定區域經營的最高成效。

　　商圈經營重點：

(1) 劃分商圈範圍：以主要道路作為分類架構，訂定商圈耕

耘的範圍。

(2) 把新舊社區用編號標示出來，然後仔細認眞去耕耘。

(3) 製作商圈圖表：以公司所在地爲中心點，了解地理環境：有以道路、街、巷、弄、號，明確標示於商圈圖中。

製作電腦商圈報表：用 POWER POINT 製作個案的分析報告──可以快速的完成客戶的需求，建立有效率的形象。

(4) 針對區域上標明：交通、行政機關、嫌惡設施、附近的大小學區、公園綠地、購物中心、市場、公車站牌、中古個案、新成屋、預售個案、著名大樓等。

(5) 區域行情的調查：了解區域範圍內之物件行情，依其物件型態：分爲店面、公寓、華廈、大樓、透天、套房、廠辦、別墅、預售個案等。

(6) 商圈經營拜訪必須經過事先計畫、擬定執行時間、事前與事後的檢討程序。

（針對區域的調查與分析時，又同時可以開發新物件。）

3. 開發程序

(1) 刺探業主心意。

(2) 說服業主委託。

(3) 營造簽約氣氛。

(4) 促成簽約作業。

(5) 追根究柢徹底檢討。

(6) 重整旗鼓再度推銷。

4. 開發技巧

　(1) 值得信賴、建立信心。

　(2) 了解需求、投其所好。

　(3) 感性訴求、理性分析。

　(4) 發掘優點、克服缺點。

5. 關心客戶

　(1) 提供翔實完整數據資料。

　(2) 物件可靠、屋況產權正常。

　(3) 公司收費標準、其他費用告知。

　(4) 切實掌握客戶狀況（動機、條件、困難點、Key Man）。

(二) 銷售技巧

1. 銷售技巧

　(1) 廣告文宣

　(2) 房屋展售

　(3) 流通連賣

　(4) 人脈管道

　(5) 網路行銷

2. 銷售策略

　(1) 銷售策略流程

　(2) 售屋前的準備

　(3) 售屋流程

　(4) 展示技巧

　(5) 電話行銷

　(6) 售屋技巧

(7) 成交技巧

3. 銷售管道

    (1) NP 分類稿

    (2) 派發廣告傳單

    (3) 現場看板

    (4) 售屋展板

    (5) 指示牌

(三) 帶看與結案技巧

1. 帶看技巧

    (1) 引導技巧

    (2) 了解客戶購屋動機

    (3) 了解客戶需求

    (4) 了解客戶背景

    (5) 不宜帶看過多物件

    (6) 事先與屋主協調

2. 結案技巧

    (1) 留意購買訊息

    (2) 把握成交契機

    房仲業取才的標準雖相對寬鬆，但淘汰率也相當高，專業能力不夠的人，很容易在房地產景氣走下坡時陣亡，不過，專業只是當房地產經紀人的基礎，更重要的是，持之以恆的動力，才能說服並感動客戶。

(四) 業績形成的過程

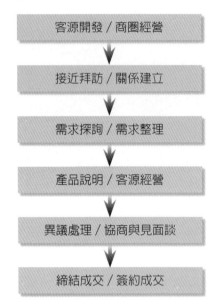

```
┌─────────────────────┐
│  客源開發 / 商圈經營  │
└─────────────────────┘
          ↓
┌─────────────────────┐
│  接近拜訪 / 關係建立  │
└─────────────────────┘
          ↓
┌─────────────────────┐
│  需求探詢 / 需求整理  │
└─────────────────────┘
          ↓
┌─────────────────────┐
│  產品說明 / 客源經營  │
└─────────────────────┘
          ↓
┌─────────────────────┐
│  異議處理 / 協商與見面談  │
└─────────────────────┘
          ↓
┌─────────────────────┐
│  締結成交 / 簽約成交  │
└─────────────────────┘
```

 仲介促銷 SP 常用話術

一、帶看前（含約看）

1. 屋況好，剛簽進來，大家都搶著約客戶，我覺得頗適合你，馬上通知你。

2. 已有同仁要帶客戶家人複看，看完便決定付斡旋金，最好帶支票來。

3. 有一間不知道還能不能看，不曉得收斡旋金沒，待會回您電話。

4. 來店問案子→打電話問友店收了沒，還可不可以看。

5. 來電時，詢問是否為剛來電的 ×× 先生嗎？

6. 約 2 間房子，到現場看時，表明其中一間已收斡旋了。

二、帶看中

1. 打電話（手機）回店頭，問產權調查友店同事送回否，有沒有要收斡旋金。

2. 請開發經紀人到現場拿 Key，現場 SP，收斡旋要通知，有客戶複看後決定。

3. 店頭 Call 現場，SP 有客戶複看，請其送回 Key，收斡旋要通知，教育客戶見面談、斡旋及要約。

4. 沒帶錢，也領不到錢，可付訂保留，說明真的也想幫你買到。但不能留太久，不然對其他同仁不好意思。

5. 在鎖定個案附近放價格高的紙板，顯示本個案的優點。

6. 到店頭看不動產說明書，無論如何拉回店頭。

三、帶看後（含回店頭）

1. 難道你真的要等到房子成交後，證明這個房子是搶手的嗎？

2. 店頭 SP 電話問案子，且多數電話為同仁帶看喜歡之 Case，或由其他同仁轉而介紹該客戶喜歡之 Case，製造該 Case 的熱絡。（Ps. 同仁帶回店頭於倒水給客戶時，應告知同仁促銷那一間。）

3. 客戶、銀行來電估價，SP 價格要稍高，製造調價效果。

4. 桌面擺放利多媒體訊息，及單一物件超強主力派報，凸顯該案。

5. 本來就是不能急，你也沒有急呀，房子看了半年了，你認為是急嗎？

6. 買方說緣分：緣是現在大家都有的，分是我幫你爭取來的。

7. 你不出價，怎麼幫你談？價格是談來的，不是等來的。

8. 帶看熟記：「帶看看三間，商圈逛一逛，帶回店頭看，看產調，洽談、收斡、簽約」

　　房仲業取才的標準雖相對寬鬆，但淘汰率也相當高，初進入此行業時，你能接觸的訓練只有房仲話術，但在資訊透明時代，客戶也都逐漸具有看屋的常識，如不具備房地產各項專業知識，就無法滿足客戶對你的信任，所以房仲人員應改變舊思維只重話術的觀念，提供客戶滿意的「服務流程」，讓客戶因你的感動服務而信任你，如果專業能力不夠的人，很容易在房地產景氣走下坡時陣亡，「不過，專業只是當房地產經紀人的基礎，更重要的是，持之以恆的動力，才能說服並感動客戶。」

解讀房仲業術語

1. 冒泡：業務員案件簽成，成交有業績。

2. 掛蛋：指仲介公司的業務員當月沒有成交，業績為零。

3. 掃街：業務員找尋案件來源的管道之一，沿街拜訪，抄紅宣自售稿，作為開發賣方客戶的管道。

4. 募集：指業務員採取多方面的方法來蒐集、並累積待出售的客源。

5. 物件：一個 Listing，係指客戶委託的一間房屋或一筆土地。

6. 開發：房屋公司業務部門的功能之一，開發專員是服務賣方的業務員。

7. 銷售：房屋公司業務部門的功能之一，銷售專員是服務買方的業務員。

8. 庫存：是存貨的意思，應該是房屋公司專任委託的案件數目。

9. Apple Case：就是 A 級物件，主攻案件，條件好、價格低，容易賣出的物件。

10. 芭樂 Case：相對於 A 級物件，條件差、價格高，很難賣的出去。

11. 斷頭：指屋主因債務關係而無力償還房屋貸款，可能市場價格低於要負擔的債務，甚至有被拍賣之虞。

12. 冰起來：通常案件條件差、價格天價，屋主配合度低，業務員不願意費力銷售而將案件束之高閣。

13. 守現場：指業務員應用現場行銷賣屋的方式，今日有人駐現場。

14. Open House（售屋展示會）：利用假日或特定時段密集打廣告，並派員駐守銷售現場以積極促銷房子的做法。

15. M30：「Message」傳遞 30，指向東西南北各方積極傳遞銷售訊息，就有機會找到買方。

16. 坪：我國於產權登記上，面積是以公制單位來登記，如公頃、公畝、平方公尺，但是在交易上常用「坪」作為單位。以平方公尺乘以 0.3025 就是一坪。

17. 獨棟：指一層樓一戶。

18. 雙併：指一層樓兩戶。

19. 立面：指建築物的外觀設計。

20. 大公：指全體大樓所有住戶共同使用的空間。如門廳、走道、管理員室、地下室、發電機、機房等。

21. 小公：指同一樓層的住戶共同使用的空間。如電梯、樓梯

間、走道等。

22. 公設比：指公共設施的坪數與總銷售面積總坪數的百分比。

23. 持分：指土地或建物的所有權為共有，每一個所有權人權利範圍的多寡比例。

24. 建蔽率：是指基地面積範圍內，可供建築面積與基地面積的百分比，是屬於建築物的平面管制。

25. 容積率：是指地上建築物的總樓地板面積與該基地面積的百分比，是屬於建築物的立體管制。

26. 使用分區：指土地座落於住宅區、商業區、工業區或農業區等，因為不同的使用分區均有限制建物的使用差別。

1 平方公尺＝0.3025 坪

1 坪＝3.3058 平方公尺

1 公頃＝10,000 平方公尺＝3,025 坪＝1.03102 甲

1 甲＝10 分＝2,934 坪＝0.96992 公頃

1 平方公里＝100 公頃

	平方公里	公頃	甲	英畝	公畝	坪	平方公尺	平方呎	平方吋	平方公分
1 平方公里	1	100	103	247	10,000	302,500	1,000,000	---	---	---
1 公頃	0.01	1	1.03	2.47	100	3,025	10,000	1,07,639	15,500,000	100,000,000
1 甲	0.0097	0.97	1	2.396	96.99	2,934	9,699	104,399.07	15,033,450	96,990,000
1 英畝	0.004	0.405	0.417	1	40.47	1,224.12	4,046.87	43,560	6,272,640	---
1 公畝	0.0001	0.01	0.0103	0.02471	1	30.25	100	1,076.39	155,000	10,000
1 坪	0.00003	0.00033	0.00034	0.00082	0.0331	1	3.31	35.63	5,130.2	33,100
1 平方公尺	0.00001	0.0001	0.000103	0.000247	0.01	0.3025	1	10.7639	1550	10,000
1 平方呎	---	0.000009	0.000009	0.000022	0.000928	0.0281	0.092899	1	144	928.993
1 平方吋	---	---	---	---	0.000006	0.00019	0.000645	0.006944	1	6.452
1 平方公分	---	---	---	---	0.000001	0.00003	0.0001	0.001076	0.155	1

Appendix

附錄

銷 售 同 意 書
（一般委託）

使用狀態	
案　名	

＊依內政部公告，委託人簽訂契約前，有三天以上的契約審閱權，委託人可要求攜回本契約之影本審閱。（請就下面選項擇一簽名）

　1. 委託人業已行使契約審閱權，並已充分瞭解本契約書及其附件之內容無誤。委託人簽名：＿＿＿＿＿＿＿

　2. 委託人於簽約前已審閱且充分瞭解本契約之內容，因此自願放棄三日以上之審閱權利。委託人簽名：＿＿＿＿＿＿＿

立書人（即所有權人，以下簡稱甲方）業已詳閱並確實知悉下列條款後，同意委託永慶不動產加盟店＿＿＿＿＿＿＿
（經紀業名稱，以下簡稱乙方）居間仲介銷售下列建物及其應有土地持分：

第一條：委託銷售範圍（本件委託建物之應有土地筆數及地號應依地政事務所登記簿謄本及使用執照所記載為準）

土地標示	所有權人					
	座　落	市（縣）	區（市鎮鄉）	段		小段
		(1)　　(2)　　(3)　　(4)　　(5)				等地號共＿＿筆
		本件委託建物之應有土地筆數及地號應依地政事務所土地登記簿及使用執照所記載為準				
	面　積	依地政事務所土地登記簿所記載為準	權利範圍	依地政事務所土地登記簿所載本約之土地應有持分		
建物標示	所有權人					
	建物門牌	市（縣）　　區（市鎮鄉）　　路（街）　　段　　巷　　弄　　號　　樓之				權利範圍
	建　號	段　　　　小段　　　　建號				
	面　積	依地政事務所建築改良物登記簿所記載為準	共同使用部分建號依建物登記簿所載為準			
車位	是否有車位併同出售： □無 □有，所有權人在本土地內共持有＿＿＿＿個車位，本次同意銷售＿＿＿＿個車位。					
	□於本土地上甲方尚擁有其他建物或車位　□於本土地上甲方僅擁有本次委託建物或車位，出售後已無建物及土地持分。					

第二條：委託內容
　　（一）委託價額：新台幣＿＿＿＿億＿＿＿＿仟＿＿＿＿佰＿＿＿＿拾＿＿＿＿萬元整。
　　　　　車位□內含 □另計 新台幣＿＿＿＿仟＿＿＿＿佰＿＿＿＿拾＿＿＿＿萬元整。
　　（二）委託期間：自民國＿＿＿年＿＿＿月＿＿＿日至民國＿＿＿年＿＿＿月＿＿＿日止。<u>如乙方在此期間內收受定金與價格業經甲賣雙方合意，委託有效期間延至不動產買賣契約書簽訂日止。買賣契約成立生效時，甲方應給付成交總價4%之服務報酬予乙方。</u>（若簽立買賣契約時支付70%，甲方收到尾款同時支付30%）

第三條：（一）甲方同意乙方得為買賣雙方之代理人，買方出價達到委託價額時，乙方得安排買賣雙方簽約之事宜。甲方並同意買賣契約於乙方收受定金時成立生效。
　　（二）因可歸責於甲方之事由而未能簽立不動產買賣契約書時，則定金沒收，而沒收定金價額之50%甲同意支付予乙方作為服務報酬，乙方則不得再向甲方請求其他費用；但乙方所收取服務報酬之金額若逾買方承購總價額的百分之四時，超過部分仍為甲方所有。因可歸責於甲方之事由而未能簽立不動產買賣契約書時，則甲方應加倍返還定金予買方。

第四條：甲方同意乙方或其委託處理事務之第三人於其營業項目、章程所定業務之特定目的所需或其他法令許可範圍內，得為蒐集、電腦處理、國際傳遞及利用甲方及甲方所提供第三人之個人及委託標的物資料。

委託人簽章	承辦人簽章

第五條：特約條款：（本特約條款須經乙方承辦人及甲方另行簽章）

第六條：本同意書須經乙方蓋用經紀業及其法定代理人印章，並經承辦人親自簽章後始生效力。以上約定事項係經甲乙雙方同意，特立本同意書正本一式二份，第二聯由甲方收執，第一聯由乙方收執。

委託人（甲方）（本人於簽章同時，已詳閱本同意書各條條文並確已核對承辦人之身分資料無誤）

簽　　章	所有權人	代理人
身分證字號		
出生年月日	民國　　年　　　月　　　日	民國　　年　　　月　　　日
聯絡地址		
電　　話	（宅）：　　　　（公）：　（行）：	（宅）：　　　　（公）：　（行）：
E－Mail		

受託人（乙方）：永慶不動產加盟店＿＿＿＿＿＿＿＿＿＿＿＿＿＿＿＿＿（經紀業名稱）

法定代理人：＿＿＿＿＿＿＿＿＿＿＿＿　統一編號：＿＿＿＿＿＿＿＿＿＿＿

地　　址：＿＿＿＿＿＿＿＿＿＿＿＿　電　　話：＿＿＿＿＿＿＿＿＿＿＿

承辦人：＿＿＿＿＿＿＿＿＿＿＿＿　經紀人：＿＿＿＿＿＿＿＿＿＿＿

中　華　民　國＿＿＿＿＿年＿＿＿＿＿月＿＿＿＿＿日

（附表）標 的 物 現 況 說 明 書

地址： 市（縣） 區（市鎮鄉） 路（街） 段 巷 弄 號 樓之

項次	內　　　　容	是	否	備 註 說 明
1	是否有住戶規約　　　　　　（若有，需檢附資料） 是否有其他分管協議　　　　（若有，需檢附資料）	☐	☐	勾是，但未檢附資料： 若否，原因：☐無書面文件☐其他：
2	是否有管理委員會統一管理 管理費及清潔費約:新台幣＿＿＿＿＿＿＿元整 收取方式：☐月繳 ☐季繳 ☐年繳 ☐其他	☐	☐	是否尚有管理費等相關費用未繳納 ☐否☐是（屋主於交屋前繳清）
3	本戶是否使用自來水廠提供之自來水	☐	☐	若否，原因：☐抽地下水 ☐其他：
4	本戶是否使用天然瓦斯	☐	☐	若否者，是否負擔裝置費用 ☐是 ☐否
5	本戶是否有獨立電錶	☐	☐	
6	賣方是否附贈買方右列設備	☐	☐	☐流理台＿具☐電視＿台☐冰箱＿台☐冷氣＿台☐燈飾＿盞 ☐洗衣機＿台☐櫥櫃＿組☐沙發＿組☐電話＿線☐天然瓦斯 ☐瓦斯錶(含押錶金) ☐其他＿＿＿
7	是否有停車位併同出售 車位管理費：☐有管理費:新台幣＿＿＿＿＿＿＿元整 　　　　　☐無車位管理費。 　　　　　☐車位管理費包含在大樓管理費中。 （收取方式：☐月繳 ☐季繳 ☐年繳 ☐其他＿＿＿） 分管契約：☐有停車位之使用權約定或管委會、住戶之定證明文 　　　　　件，應一併檢附書面文件供承辦人簽收。 　　　　　☐無以上證明文件，委託人應於簽立買賣約時協同 　　　　　買方現場向管委會、管理員或其他住戶確認。	☐	☐	單位編號:☐有車位編號，在第＿層，現場編號第＿號車位 　　　　　☐(無車位編號，需檢附停車位位置 　　　　　圖，並認章交由承辦人員簽收) 使用狀況:☐固定位置使用☐需承租 ☐需排隊等候 　　　　　☐需定期抽籤，每＿＿個月抽籤一次 　　　　　☐每日先到先停 ☐其他＿＿＿ 單位種類:☐坡道平面式 ☐坡道機械式（☐上☐中☐下層） 　　　　　☐昇降平面式 ☐昇降機械式（☐上☐中☐下層）
8	是否有滲漏水情形	☐	☐	位置:☐屋頂☐外牆☐窗框☐冷熱水管☐浴室☐前陽台 　　　☐後陽台☐廚房☐臥室☐客廳☐其他＿＿＿ *如有滲漏水之處理方式： 　　　☐簽約前修復 ☐交屋前修復
9	建物是否有租賃情形　　　　（若有，需檢附租賃約書） 建物是否有第三人無權占用情形（若有，需檢附搬遷同意書）	☐	☐	☐騰空交屋 ☐租賃之權利義務隨同移轉 租期至民國＿＿＿年＿＿月＿＿日止
10	是否有增建部分	☐	☐	☐頂樓增建☐露台增建☐夾層增建☐防火巷增建☐天井增建 ☐一樓空地增建☐陽台外推☐其他＿＿＿ 賣方保證有權處分且隨同土建物移轉絕無異議。
11	增建部分是否有租賃情形　　（若有，需檢附租賃約書）	☐	☐	☐騰空交屋 ☐租賃之權利義務隨同移轉 租期至民國＿＿＿年＿＿月＿＿日止
12	是否周邊有其他土地妨害本標的物前門之進出及使用情事	☐	☐	說明:
13	（若本委託標的非壹樓時，本欄無須填寫） 本房屋為頂樓，樓頂平台是否為自己單獨使用	☐	☐	☐其他住戶皆可使用☐被他人占用中 ☐使用權有爭議 ☐其他
14	（若本委託標的非壹樓時，本欄無須填寫） 本房地為壹樓，法定空地是否為自己單獨使用	☐	☐	☐其他住戶皆可使用☐被他人占用中 ☐使用權有爭議 ☐其他
15	（若本委託標的非壹樓時，本欄無須填寫） 本房地有無地下室是否為自己單獨使用	☐	☐	☐無地下室☐其他住戶皆可使用☐被他人占用☐使用權有爭議 ☐其他
16	是否曾經發生火災或其他天然災害，造成建築物損害及其修繕情形	☐	☐	說明:
17	是否曾經做過氯離子含量(海砂屋)檢測 （若是，須檢附檢測報告書）	☐	☐	勾是，但未檢附原因：＿＿＿＿＿ 勾否，原因：
18	是否曾經做過輻射屋檢測(若是，須檢附檢測報告書)	☐	☐	勾是，但未檢附原因：＿＿＿＿＿ 勾否，原因：
19	是否現有或曾有鋼筋外露或水泥塊剝落之情事	☐	☐	位置：＿＿＿　時間：＿＿＿　其他：
20	是否有損鄰或損壞狀況	☐	☐	☐損害他人 ☐被損害 說明：
21	是否有龜裂傾斜情形	☐	☐	說明：
22	是否有占用他人土地之情形	☐	☐	說明：
23	是否有界址糾紛	☐	☐	說明：
24	是否曾經發生"非自然身故"之情事(如凶殺案、自殺、他殺等)	☐	☐	說明：
25	是否位於政府徵收預定地內	☐	☐	說明：
26	於本土地上有無租賃或占用他人土地之情形	☐	☐	☐有租賃 ☐有占用他人土地 說明：
27	是否有拆除重建、禁建或糾紛之情事	☐	☐	說明：
28	是否被違建管單位列為危險建築	☐	☐	說明：
29	增建部分是否曾被拆除或接獲通拆除通知	☐	☐	說明：時間：＿＿年＿＿月＿＿日 拆除位置：＿＿＿　　：並請檢附通知書
30	增建部分是否曾經其他區分所有權人或住戶主張權利或曾發生爭議	☐	☐	說明：
31	是否目前有工程受益之費用負擔	☐	☐	費用：☐已繳部分 ☐已繳清 ☐未繳納
32	其他重要事項（針對屋況、產權、使用權等有任何補充）	☐	☐	

委託人已詳閱，並逐一確認本標的物現況說明書，確實無誤。　　　委託人簽章：＿＿＿＿＿＿＿

99.07　　　　　　　　　　　　　　　　　　　　　　　　　　　　　　＿＿＿年＿＿月＿＿日

※本表為委託人依現況於委託時填載，若有填載不實或日後屋況、分管協議變更時，其買賣雙方權利義務仍應依買賣契約書或法令規定為準。

不動產委託銷售契約書範本

中華民國 86 年 6 月 14 日內政部臺(86)內地字第 8605647 號公告頒行
中華民國 87 年 8 月 19 日內政部臺(87)內地字第 8790334 號公告修正
中華民國 92 年 6 月 26 日內授中辦地字第 0920082745 號公告修正
（行政院消費者保護委員會第99次委員會議通過）

　　契約審閱權

　　本契約於中華民國＿＿＿年＿＿＿月＿＿＿日經買方攜回審閱＿＿＿日（契約
　　審閱期間至少五日）。

　　　買方簽章：

　　　賣方簽章：

不動產委託銷售契約書範本

內　政　部　編
中華民國 92 年 6 月

受託人＿＿＿＿＿公司（或商號）接受委託人＿＿＿＿＿之委託仲
介銷售下列不動產，經雙方同意訂定本契約條款如下，以資共同
遵守：

第一條　委託銷售之標的

一、土地標示（詳如登記簿謄本）：

所有權人	縣市	市區鄉鎮	段	小段	地號	都市計畫使用分區（或非都市土地使用地類別）	面積（平方公尺）	有無設定他項權利、權利種類	有無租賃或占用之情形	權利範圍

二、建築改良物標示（詳如登記簿謄本）：

所有權人	縣市	市區鄉鎮	路街	段	巷	弄	號	樓	建築物完成日期		面積（平方公尺）	建號	權利範圍	有無設定他項權利、權利種類	有無租賃或占用之情形
									民國年月日	主建物					
										附屬建物					
										共用部分					

三、車位標示（詳如登記簿謄本）：

　　本停車位屬□法定停車位□自行增設停車位□獎勵增設停
　　車□其他＿＿＿（車位情況或無法得知者自行說明）為地上
　　（面、下）第＿層□平面式□機械式□坡道式□升降式停車
　　位，編號第＿＿＿號車位。

□有編號登記。

□有土地及建築改良物所有權狀。

□有建築改良物所有權狀（土地持分合併於區分所有建物之
　土地面積內）。

□共用部分。（如有停車位之所有權及使用權之約定文件，
　應檢附之。）

四、□附隨買賣設備

□願意附贈買方現有設備項目，計有：

□燈飾□床組□梳妝臺□窗簾□熱水器□冰箱□洗衣機□瓦
斯爐□沙發__組□冷氣__臺□廚具__式□電話__線□其他
____。

第二條　委託銷售價格

委託人願意出售之土地、建築改良物、____，總價格為新臺
幣____元整，車位價格為新臺幣_____元整，合計新臺幣____元
整。

委託售價得經委託人及受託人雙方以書面變更之。

第三條　委託銷售期間

委託銷售期間自民國__年__月__日起至__年__月__日止。

前項委託期間得經委託人及受託人雙方以書面同意延長之。

第四條　收款條件及方式

委託人同意收款條件及方式如下：

收款期別	約定收款金額	應同時履行條件
第一期 （簽約款）	新臺幣____元整 （即總價款__%）	於簽訂□成屋□土地買賣契約同時，應攜帶國民身分證以供核對，並交付土地或建築改良物所有權狀正本予：□地政士□____。
第二期 （備證款）	新臺幣____元整 （即總價款__%）	應備齊權狀正本，攜帶印鑑章並交付印鑑證明、身分證明文件及稅單。
第三期 （完稅款）	新臺幣____元整 （即總價款__%）	於土地增值稅、契稅單核下後，經□地政士□__通知日起__日內，於委託人收款同時由委託人與買方依約繳清土地增值稅、契稅及其他欠稅。
第四期 （交屋款）	新臺幣____元整 （即總價款__%）	房屋鎖匙及水電、瓦斯、管理費收據等。

□委託人同意受託人為促銷起見，配合買方協辦金融機構貸款，此一貸款視同交屋款。

□委託人在委託銷售標的物上原設定抵押權之處理：

□由買方向金融機構辦理貸款撥款清償並塗銷。

□由委託人於交付交屋款前清償並塗銷。

□由買方承受原債權及其抵押權。

□由買方清償並塗銷。

□_____。

第五條　服務報酬

　　買賣成交者，受託人得向委託人收取服務報酬，其數額為實際成交價之百分之_____（最高不得超過中央主管機關之規定）。

　　前項受託人之服務報酬，委託人於與買方簽訂買賣契約時，支付服務報酬百分之____予受託人，餘百分之____於交屋時繳清。

第六條　委託人之義務

一、於買賣成交時，稅捐稽徵機關所開具以委託人為納稅義務人之稅費，均由委託人負責繳納。

二、簽約代理人代理委託人簽立委託銷售契約書者，應檢附所有權人之授權書及印鑑證明交付受託人驗證並影印壹份，由受託人收執，以利受託人作業。

三、委託人應就不動產之重要事項簽認於不動產標的現況說明書（其格式如附件一），委託人對受託人負有誠實告知之義務，如有虛偽不實，由委託人負法律責任。

四、簽訂本契約時，委託人應提供本不動產之土地、建築改良物所有權狀影本及國民身分證影本，並交付房屋之鎖匙等物品予受託人，如有使用執照影本、管路配置圖及住戶使用維護手冊等，一併提供。

第七條　受託人之義務

一、受託人受託處理仲介事務應以善良管理人之注意為之。

二、受託人於簽約前，應據實提供該公司（或商號）近三個月之成交行情，供委託人訂定售價之參考；如有隱匿不實，應負賠償責任。

三、受託人受託仲介銷售所做市場調查、廣告企劃、買賣交涉、諮商服務、差旅出勤等活動與支出，除有第十條之規定外，均由受託人負責，受託人不得以任何理由請求委託人補貼。

四、受託人製作之不動產說明書，應指派不動產經紀人簽章，並

經委託人簽認後，將副本交委託人留存；經紀人員並負有誠實告知買方之義務，如有隱瞞不實，受託人與其經紀人員應連帶負一切法律責任；其因而生損害於委託人者，受託人應負賠償責任。

五、如買方簽立「要約書」（如附件二），受託人應於二十四小時內將該要約書轉交委託人，不得隱瞞或扣留。但如因委託人之事由致無法送達者，不在此限。

六、受託人應隨時依委託人之查詢，向委託人報告銷售狀況。

七、契約成立後，委託人□同意□不同意授權受託人代為收受買方支付之定金。

八、受託人應於收受定金後二十四小時內送達委託人。但如因委託人之事由致無法送交者，不在此限。

九、有前款但書情形者，受託人應於二日內寄出書面通知表明收受定金及無法送交之事實通知委託人。

十、受託人於仲介買賣成交時，為維護交易安全，得協助辦理有關過戶及貸款手續。

十一、受託人應委託人之請求，有提供相關廣告文案資料予委託人參考之義務。

第八條　沒收定金之處理

買方支付定金後，如買方違約不買，致定金由委託人沒收者，委託人應支付該沒收定金之百分之＿＿＿＿＿予受託人，以作為該次委託銷售服務之支出費用，且不得就該次再收取服務報酬。

第九條　買賣契約之簽訂及所有權移轉

受託人依本契約仲介完成者，委託人應與受託人所仲介成交

之買方另行簽訂「不動產買賣契約書」，並由委託人及買方□共同□協商指定地政士辦理一切所有權移轉登記及相關手續。

第十條　委託人終止契約之責任

　　本契約非經雙方書面同意，不得單方任意變更之；如尚未仲介成交前因可歸責於委託人之事由而終止時，委託人應支付受託人必要之仲介銷售服務費用，本項費用視已進行之委託期間等實際情形，由受託人檢據向委託人請領之。但最高不得超過第五條原約定服務報酬之半數。

第十一條　違約之處罰

一、委託人如有下列情形之一者，視為受託人已完成仲介之義務，委託人仍應支付第五條約定之服務報酬，並應全額一次付予受託人：

　　(一) 委託期間內，委託人自行將本契約不動產標的物出售或另行委託第三者仲介者。

　　(二) 簽立書面買賣契約後，因可歸責於委託人之事由而解除買賣契約者。

　　(三) 受託人已提供委託人曾經仲介之客戶資料，而委託人於委託期間屆滿後二個月內，逕與該資料內之客戶成交者。但經其他不動產經紀業仲介成交者，不在此限。

二、受託人違反第七條第四款、第五款或第八款情形之一者，委託人得解除本委託契約。

第十二條　廣告張貼

　　委託人□同意□不同意受託人於本不動產標的物上張貼銷售廣告。

第十三條　通知送達

　　委託人及受託人雙方所為之徵詢、洽商或通知辦理事項，如以書面通知時，均依本契約所載之地址為準，如任何一方遇有地址變更時，應即以書面通知他方，其因拒收或無法送達而遭退回者，均以退件日視為已依本契約受通知。

第十四條　疑義之處理

　　本契約各條款如有疑義時，應依消費者保護法第十一條第二項規定，為有利於委託人之解釋。

第十五條　合意管轄法院

　　因本契約發生之消費訴訟，雙方同意

□除專屬管轄外，以不動產所在地之法院為第一審管轄法院。但
　不影響消費者依其他法律所得主張之管轄。

□依仲裁法規定進行仲裁。

第十六條　附件效力及契約分存

　　本契約之附件一視為本契約之一部分。本契約壹式貳份，由雙方各執乙份為憑，並自簽約日起生效。

第十七條　未盡事宜之處置

　　本契約如有未盡事宜，依相關法令、習慣及平等互惠與誠實信用原則公平解決之。

　　立契約書人

　　受託人：

　　姓名（公司或商號）：

　　地址：

　　電話：

　　營利事業登記證：（　　）字第　　　　號

負責人：　　　　　　　（簽章）

國民身分證統一編號：

經紀人：

姓名：　　　　　　　（簽章）

電話：

地址：

國民身分證統一編號：

經紀人證書字號：

委託人：

姓名：　　　　　　（簽章）

電話：

地址：

國民身分證統一編號：

中　　華　　民　　國　　　　年　　　月　　　日

不動產標的現況說明書

填表日期　　年　　月　　日

項次	內　　　　容	是 否	說　　　　明
1	是否為共有土地	☐ ☐	若是，☐有☐無分管協議書
2	土地現況是否有出租情形	☐ ☐	若有，則☐賣方於點交前終止租約 ☐以現況點交 ☐另外協議
3	土地現況是否有被他人占用情形	☐ ☐	若有，☐賣方應於交屋前☐拆除☐排除 ☐以現況點交 ☐其他＿＿＿＿
4	是否有地上物	☐ ☐	若有，地上物☐建築改良物 ☐農作改良物 ☐其他＿＿＿＿
5	是否有未登記之法定他項權利	☐ ☐	☐不知 ☐知 ☐＿＿＿＿＿
6	建築改良物是否有包括未登記之改建、增建、加建、違建部分：	☐ ☐	☐不知 ☐知 ☐壹樓＿＿＿平方公尺 ☐＿＿樓＿＿＿平方公尺 ☐頂樓＿＿＿平方公尺 ☐其他＿＿＿平方公尺
7	是否有車位之分管協議及圖說	☐ ☐	☐有書面或圖說（請檢附） ☐口頭約定 車位管理費☐有，月繳新臺幣＿＿元 　　　　☐無 　　　　☐車位包含在大樓管理費內 使用狀況☐固定位置使用　☐需承租

261

		☐ ☐		☐需排隊等候 ☐需定期抽籤，每__月抽籤。 ☐每日先到先停。 ☐其他_____。
8	建築改良物是否有滲漏水之情形	☐ ☐		若有，滲漏水處：_____ ☐以現況交屋 ☐賣方修繕後交屋
9	建築改良物是否曾經做過輻射屋檢測	☐ ☐		檢測結果：_____ 輻射是否異常☐是　☐以現況交屋 　　　　　　☐否　☐賣方修繕後交屋 （民國七十一年至七十三年領得使用執照之建築物，應特別留意檢測。如欲進行改善，應向行政院原子能委員會洽詢技術協助。）
10	是否曾經做過海砂屋檢測（氯離子檢測事項）	☐ ☐		檢測日期：__年__月__日（請附檢測證明文件） 檢測結果：_____ （參考值：依CNS 3090規定預力混凝土為0.15kg/M³，鋼筋混凝土為0.3kg/M³）
11	本建物（專有部分）於賣方產權持有期間是否曾發生兇殺或自殺致死之情事	☐ ☐		
12	屋內自來水及排水系統是否正常	☐ ☐		☐以現況交屋 ☐若不正常，賣方修繕後交屋
13	建築改良物現況是否有出租之情形	☐ ☐		若有，則☐賣方應於交屋前☐排除 　　　　☐終止租約 　　　　☐以現況交屋 　　　　☐其他_____

14	建築改良物現況是否有被他人占用之情形	□ □	若有,則□賣方應於交屋前排除 □以現況交屋 □其他_____
15	建建築改良物現況是否占用他人土地之情形	□ □	若有,則□賣方應於交屋前解決 □以現況交屋
16	是否使用自來水廠之自來水	□ □	
17	是否使用天然瓦斯	□ □	
18	是否有住戶規約	□ □	若有,詳見住戶規約
19	是否約定專用協議	□ □	□有規約約定(請檢附) □依第____次區分所有權會議決定 管理費□有使用償金 □有增繳新臺幣__元/月 使用範圍□空地　□露臺 □非避難之屋頂平臺 □非供車位使用之防空避難室 □其他
20	是否有管理委員會或管理負責人	□ □	若有,管理費為□月繳__元□季繳__元 □年繳__元□其他__
21	管理費是否有積欠情形	□ □	若有,管理費__元,由□買方□賣方支付。
22	是否有附屬設備	□ □	□冷氣__臺□沙發__組□床組__件□熱水器__臺□窗簾__組□燈飾__件□梳妝臺__件□排油煙機□流理臺□瓦斯爐__□天然瓦斯(買方負擔錶租保證金費用)__□電話:__具(買方負擔過戶費及保證金)□其他____

注意：一、輻射屋檢測，輻射若有異常，應洽請行政院原子能委員會確
　　　　認是否為輻射屋。
　　　二、海砂屋檢測，海砂屋含氯量，將因採樣點及採樣時間之不同
　　　　而異，目前海砂屋含氯量尚無國家標準值。
其他重要事項：
1.
2.
3.

　　　　　　　　　受託人：＿＿＿＿＿＿＿＿＿（簽章）

　　　　　　　　　委託人：＿＿＿＿＿＿＿＿＿（（簽章）

　　　　　　　　　簽章日期：＿＿＿年＿＿＿月＿＿＿日

不動產經紀業管理條例

民國 110 年 7 月 1 日施行

第一章　總則

第 1 條　為管理不動產經紀業（以下簡稱經紀業），建立不動產交易秩序，保障交易者權益，促進不動產交易市場健全發展，特制定本條例。

第 2 條　經紀業之管理，依本條例之規定；本條例未規定者，適用其他有關法律之規定。

第 3 條　本條例所稱主管機關：在中央為內政部；在直轄市為直轄市政府地政處；在縣（市）為縣（市）政府。

第 4 條　本條例用辭定義如下：

一、不動產：指土地、土地定著物或房屋及其可移轉之權利；房屋指成屋、預售屋及其可移轉之權利。

二、成屋：指領有使用執照，或於實施建築管理前建造完成之建築物。

三、預售屋：指領有建造執照尚未建造完成而以將來完成之建築物為交易標的之物。

四、經紀業：指依本條例規定經營仲介或代銷業務之公司或商號。

五、仲介業務：指從事不動產買賣、互易、租賃之居間或代理業務。

六、代銷業務：指受起造人或建築業之委託，負責
　　企劃並代理銷售不動產之業務。

七、經紀人員：指經紀人或經紀營業員。經紀人之
　　職務爲執行仲介或代銷業務；經紀營業員之職
　　務爲協助經紀人執行仲介或代銷業務。

八、加盟經營者：經紀業之一方以契約約定使用他
　　方所發展之服務、營運方式、商標或服務標章
　　等，並受其規範或監督。

九、差價：係指實際買賣交易價格與委託銷售價格
　　之差額。

十、營業處所：指經紀業經營仲介或代銷業務之店
　　面、辦公室或非常態之固定場所。

第二章　經紀業

第 5 條　經營經紀業者，應向主管機關申請許可後，依法辦
　　　　理公司或商業登記；其經營國外不動產仲介或代銷
　　　　業務者，應以公司型態組織依法辦理登記爲限。
　　　　前項申請許可之事項及其應備文件，由中央主管機
　　　　關定之。
　　　　經紀業分設營業處所，應向直轄市或縣（市）政府
　　　　申請備查。

第 6 條　有下列各款情形之一者，不得申請經營經紀業，其
　　　　經許可者，撤銷或廢止其許可：
　　　　一、無行爲能力或限制行爲能力者。
　　　　二、受破產之宣告尚未復權者。

三、犯詐欺、背信、侵占罪、性侵害犯罪防治法第
　　二條所定之罪、組織犯罪防制條例第三條第一
　　項、第二項、第六條、第九條之罪，經受有期
　　徒刑一年以上刑之宣告確定，尚未執行完畢或
　　執行完畢或赦免後未滿三年者。但受緩刑宣告
　　者，不在此限。

四、受感訓處分之裁定確定，尚未執行完畢或執行
　　完畢後未滿三年者。

五、曾經營經紀業，經主管機關撤銷或廢止許可，
　　自撤銷或廢止之日起未滿五年者。但依第七條
　　第一項逾期未開始營業或第三十條自行停止業
　　務者，不在此限。

六、受第二十九條之停止營業處分，尚未執行完畢
　　者。

七、受第三十一條停止執行業務處分尚未執行完
　　畢，或廢止經紀人員證書或證明處分未滿五年
　　者。

經紀業經公司登記或商業登記後，其公司負責人、
董事、監察人、經理人或商號負責人、經理人有前
項各款情形之一者，由主管機關命其限期改善；逾
期未改善者，廢止其許可，並通知其公司或商業登
記主管機關廢止其登記。

第 7 條　經紀業經主管機關之許可，辦妥公司登記或商業登
　　　　記，並加入登記所在地之同業公會後方得營業，並
　　　　應於六個月內開始營業；逾期未開始營業者，由主

管機關廢止其許可。但有正當理由者，得申請展延
一次，其期限以三個月爲限。

前項經紀業得視業務性質並經主管機關核准後，分
別組織仲介經紀業或代銷經紀業同業公會或其全國
聯合會。

第一項經紀業於辦妥公司登記或商業登記後，應依
中央主管機關規定繳存營業保證金。經紀業應繳存
之營業保證金，超過一定金額者，得就超過部分以
金融機構提供保證函擔保之。

前項應繳之營業保證金及繳存或提供擔保之辦法，
由中央主管機關定之。

經紀業除依第三項規定繳存營業保證金外，並得向
第二項全國聯合會申請增加金額繳存或以金融機構
提供保證函擔保之。

第二項全國聯合會應訂立經紀業倫理規範，提經會
員代表大會通過後，報請中央主管機關備查。

第 8 條　　前條第三項營業保證金由中華民國不動產仲介經紀
業或代銷經紀業同業公會全國聯合會統一於指定之
金融機構設置營業保證基金專戶儲存，並組成管理
委員會負責保管；基金之孳息部分，得運用於健全
不動產經紀制度。

前項基金管理委員會委員，由經紀業擔任者，其人
數不得超過委員總數之五分之二。基金管理委員會
之組織及基金管理辦法由中央主管機關定之。

第一項營業保證基金，除本條例另有規定外，非有

依第二十六條第四項之情形，不得動支。

經紀業分別繳存之營業保證金低於第七條第三項規定之額度時，中華民國不動產仲介經紀業或代銷經紀業同業公會全國聯合會應通知經紀業者於一個月內補足。

第 9 條　營業保證金獨立於經紀業及經紀人員之外，除本條例另有規定外，不因經紀業或經紀人員之債務債權關係而為讓與、扣押、抵銷或設定負擔。

經紀業因合併、變更組織時對其所繳存之營業保證金之權利應隨之移轉。

其因申請解散者，得自核准註銷營業之日滿一年後二年內，請求退還原繳存之營業保證金。但不包括營業保證金之孳息。

第 10 條　直轄市、縣（市）同業公會應將會員入會、停權、退會情形報請所在地主管機關層轉中央主管機關備查。

第 11 條　經紀業設立之營業處所至少應置經紀人一人。但非常態營業處所，其所銷售總金額達新臺幣六億元以上，該處所至少應置專業經紀人一人。

營業處所經紀營業員數每逾二十名時，應增設經紀人一人。

第 12 條　經紀業應於經紀人到職之日起十五日內，造具名冊報請所在地主管機關層報中央主管機關備查，異動時，亦同。

第三章　經紀人員

第 13 條　中華民國國民經不動產經紀人考試及格並依本條例
領有不動產經紀人證書者，得充不動產經紀人。

經中央主管機關或其認可之機構、團體舉辦不動產
經紀營業員訓練合格或不動產經紀人考試及格，並
向中央主管機關指定之機構、團體登錄及領有不動
產經紀營業員證明者，得充任不動產經紀營業員。

前項經紀營業員訓練不得少於三十個小時，其證明
有效期限為四年，期滿時，經紀營業員應檢附完成
訓練二十個小時以上之證明文件，向中央主管機關
指定之機構、團體重新辦理登錄。

前二項登錄及發證費用，由中央主管機關定之。

第二項訓練機構、團體之認可資格、程序、廢止認
可條件、經紀營業員之訓練資格、課程、收費費額
及其他應遵行事項之辦法，由中央主管機關定之。

第 14 條　經不動產經紀人考試及格者，應具備一年以上經紀
營業員經驗，始得向直轄市或縣（市）政府請領經
紀人證書。

前項經紀營業員經驗，依下列情形之一認定：

一、取得經紀營業員資格並附有仲介或代銷業務所
　　得扣繳資料證明者。

二、本條例施行前已實際從事仲介或代銷業務有所
　　得扣繳資料證明者。

有第六條第一項第一款至第四款或第七款情形之一
者，不得充任經紀人員。已充任者，應撤銷或廢止

其證書或證明。

第 15 條 前條第一項經紀人證書有效期限為四年，期滿時，經紀人應檢附其於四年內在中央主管機關認可之機構、團體完成專業訓練三十個小時以上之證明文件，向直轄市或縣（市）政府辦理換證。

前項機構、團體應具備之資格、認可程序、訓練課程範圍及廢止認可條件等事項之辦法，由中央主管機關定之。

第 16 條 經紀人員應專任一經紀業，並不得為自己或他經紀業執行仲介或代銷業務。但經所屬經紀業同意為他經紀業執行業務者，不在此限。

第 17 條 經紀業不得僱用未具備經紀人員資格者從事仲介或代銷業務。

第四章　業務及責任

第 18 條 經紀業應將其仲介或代銷相關證照及許可文件連同經紀人證書揭示於營業處所明顯之處；其為加盟經營者，應併標明之。

第 19 條 經紀業或經紀人員不得收取差價或其他報酬，其經營仲介業務者，並應依實際成交價金或租金按中央主管機關規定之報酬標準計收。

違反前項規定者，其已收取之差價或其他報酬，應於加計利息後加倍返還支付人。

第 20 條 經營仲介業務者應揭示報酬標準及收取方式於營業處所明顯之處。

第 21 條　經紀業與委託人簽訂委託契約書後，方得刊登廣告及銷售。

前項廣告及銷售內容，應與事實相符，並註明經紀業名稱。

廣告及銷售內容與事實不符者，應負損害賠償責任。

第 22 條　不動產之買賣、互易、租賃或代理銷售，如委由經紀業仲介或代銷者，下列文件應由經紀業指派經紀人簽章：

一、不動產出租、出售委託契約書。

二、不動產承租、承購要約書。

三、定金收據。

四、不動產廣告稿。

五、不動產說明書。

六、不動產租賃、買賣契約書。

前項第一款及第二款之規定，於經營代銷業務者不適用之。

第一項第五款之不動產說明書應記載及不得記載事項，由中央主管機關定之。

第 23 條　經紀人員在執行業務過程中，應以不動產說明書向與委託人交易之相對人解說。

前項說明書於提供解說前，應經委託人簽章。

第 24 條　雙方當事人簽訂租賃或買賣契約書時，經紀人應將不動產說明書交付與委託人交易之相對人，並由相對人在不動產說明書上簽章。

前項不動產說明書視為租賃或買賣契約書之一部分。

第 24-1 條 經營仲介業務者，對於居間或代理成交之租賃案件，應於簽訂租賃契約書之日起三十日內，向直轄市、縣（市）主管機關申報登錄成交案件實際資訊（以下簡稱申報登錄資訊）。

經營代銷業務，受起造人或建築業委託代銷預售屋者，應於簽訂、變更或終止委託代銷契約之日起三十日內，將委託代銷契約相關書件報請所在地直轄市、縣（市）主管機關備查；並應於簽訂買賣契約書之日起三十日內，向直轄市、縣（市）主管機關申報登錄資訊。

前二項申報登錄資訊，除涉及個人資料外，得提供查詢。

已登錄之不動產交易價格資訊，在相關配套措施完全建立並完成立法後，始得為課稅依據。

第一項、第二項申報登錄資訊類別、內容與第三項提供之內容、方式、收費費額及其他應遵行事項之辦法，由中央主管機關定之。

直轄市、縣（市）主管機關為查核申報登錄資訊，得向交易當事人或不動產經紀業要求查詢、取閱有關文件或提出說明；中央主管機關為查核疑有不實之申報登錄價格資訊，得向相關機關或金融機構查詢、取閱價格資訊有關文件。受查核者不得規避、妨礙或拒絕。

前項查核，不得逾確保申報登錄資訊正確性目的之必要範圍。

第一項、第二項受理及第六項查核申報登錄資訊，直轄市、縣（市）主管機關得委任所屬機關辦理。

本條例中華民國一百零九年十二月三十日修正之條文施行前，以區段化、去識別化方式提供查詢之申報登錄資訊，於修正施行後，應依第三項規定重新提供查詢。

第24-2條　經營仲介業務者經買賣或租賃雙方當事人之書面同意，得同時接受雙方之委託，並依下列規定辦理：

一、公平提供雙方當事人類似不動產之交易價格。

二、公平提供雙方當事人有關契約內容規範之說明。

三、提供買受人或承租人關於不動產必要之資訊。

四、告知買受人或承租人依仲介專業應查知之不動產之瑕疵。

五、協助買受人或承租人對不動產進行必要之檢查。

六、其他經中央主管機關為保護買賣或租賃當事人所為之規定。

第25條　經紀人員對於因業務知悉或持有之他人祕密，不得無故洩漏。

第26條　因可歸責於經紀業之事由不能履行委託契約，致委託人受損害時，由該經紀業負賠償責任。

經紀業因經紀人員執行仲介或代銷業務之故意或過

失致交易當事人受損害者，該經紀業應與經紀人員
負連帶賠償責任。

前二項受害人向中華民國不動產仲介經紀業或代銷
經紀業同業公會全國聯合會請求代為賠償時，視為
已向基金管理委員會申請調處，基金管理委員會應
即進行調處。

受害人取得對經紀業或經紀人員之執行名義、經仲
裁成立或基金管理委員會之決議支付後，得於該經
紀業繳存營業保證金及提供擔保總額內，向中華民
國不動產仲介經紀業或代銷經紀業同業公會全國聯
合會請求代為賠償；經代為賠償後，即應依第八條
第四項規定，通知經紀業限期補繳。

第 27 條　主管機關檢查經紀業之業務，經紀業不得拒絕。

第五章　獎懲

第 28 條　經紀業或經紀人員有下列情事之一者，主管機關得
予以獎勵；其在直轄市者，由直轄市主管機關為
之；特別優異者，得層報中央主管機關獎勵之：

一、增進不動產交易安全、公平，促進不動產經紀
　　業健全發展，有優異表現者。

二、維護消費者權益成績卓著者。

三、對於不動產經紀相關法規之研究或建議有重大
　　貢獻者。

四、其他特殊事蹟經主管機關認定應予獎勵者。

前項獎勵辦法由中央主管機關另定之。

第 29 條　　經紀業違反本條例者，依下列規定處罰之：

一、違反第七條第六項、第十一條、第十七條、第十九條第一項、第二十一條第一項、第二項或第二十二條第一項規定，由直轄市、縣（市）主管機關處新臺幣六萬元以上三十萬元以下罰鍰。

二、違反第二十四條之一第二項規定，未依限申報登錄資訊或申報登錄價格、交易面積資訊不實，由直轄市、縣（市）主管機關按戶（棟）處新臺幣三萬元以上十五萬元以下罰鍰，並令其限期改正；屆期未改正者，按次處罰。經處罰二次仍未改正者，按次處新臺幣三十萬元以上一百萬元以下罰鍰。

三、違反第二十四條之一第二項規定，未依限將委託代銷契約相關書件報備查，或違反第二十四條之一第六項規定，規避、妨礙或拒絕查核，或違反第二十四條之二規定，由主管機關處新臺幣三萬元以上十五萬元以下罰鍰。

四、違反第十二條、第十八條、第二十條或第二十七條規定，直轄市、縣（市）主管機關應令其限期改正；屆期未改正，處新臺幣三萬元以上十五萬元以下罰鍰。

五、違反第二十四條之一第一項規定，未依限申報登錄資訊、申報登錄租金或面積資訊不實，由直轄市、縣（市）主管機關處新臺幣一萬元以

上五萬元以下罰鍰。

六、違反第二十四條之一第一項或第二項規定,申報登錄租金、價格及面積以外資訊不實,直轄市、縣(市)主管機關應令其限期改正;屆期未改正,處新臺幣六千元以上三萬元以下罰鍰。

七、違反第七條第三項、第四項或第八條第四項規定,直轄市、縣(市)主管機關應予停止營業處分,其期間至補足營業保證金為止。但停止營業期間達一年者,應廢止其許可。

經紀業經依前項第一款、第三款至第六款處罰鍰者,主管機關並應令其限期改正;屆期未改正者,按次處罰。

金融機構、交易當事人違反第二十四條之一第六項規定,規避、妨礙或拒絕查核者,由主管機關處新臺幣三萬元以上十五萬元以下罰鍰,並令其限期改正;屆期未改正者,按次處罰。

第 30 條　經紀業開始營業後自行停止營業連續六個月以上者,直轄市或縣(市)主管機關得廢止其許可。但依法辦理停業登記者,不在此限。

第 31 條　經紀人員違反本條例者,依下列規定懲戒之:

一、違反第十六條、第二十二條第一項、第二十三條或第二十五條規定者,應予申誡。

二、違反第十九條第一項規定者,應予六個月以上三年以下之停止執行業務處分。

　　　　　　經紀人員受申誡處分三次者，應另予六個月以上三年以下之停止執行業務處分；受停止執行業務處分累計達五年以上者，廢止其經紀人員證書或證明。

第 32 條　非經紀業而經營仲介或代銷業務者，主管機關應禁止其營業，並處公司負責人、商號負責人或行為人新臺幣十萬元以上三十萬元以下罰鍰。

　　　　　　公司負責人、商號負責人或行為人經主管機關依前項規定為禁止營業處分後，仍繼續營業者，處一年以下有期徒刑、拘役或科或併科新臺幣十萬元以上三十萬元以下罰金。

第 33 條　經紀人員有第三十一條第一項各款情事之一時，利害關係人、各級主管機關或其同業公會得列舉事實，提出證據，報請直轄市或縣（市）主管機關交付懲戒。

　　　　　　直轄市或縣（市）主管機關對於經紀人員獎懲事項，應設置獎懲委員會處理之。

　　　　　　前項獎懲委員會之組織，由中央主管機關定之。

第 34 條　前條獎懲委員會受理懲戒事項，應通知檢舉或移送之經紀人員，於二十日內提出答辯或到場陳述；逾期未提出答辯或到場陳述時，得逕行決定。

第 35 條　依本條例所處罰鍰，經通知繳納而逾期不繳納者，移送法院強制執行。

第六章　附則

第 36 條　本條例公布施行前已經營仲介或代銷業務者，應於

本條例施行後，三年內依本條例規定領得經紀業證照後始得繼續營業。

違反前項規定繼續營業者，依第三十二條處理。

第 37 條　本條例公布施行前已從事不動產經紀業之人員，得自本條例公布施行之日起繼續執業三年；三年期滿後尚未取得經紀人員資格者，不得繼續執行業務。

本條例公布施行前已從事不動產仲介或代銷業務滿二年，有該項執行業務或薪資所得扣繳資料證明，經中央主管機關審查合格者，得自本條例公布施行之日起繼續執業三年；並得應不動產經紀人特種考試。

前項特種考試，於本條例公布施行後五年內至少應辦理五次。

第 38 條　外國人得依中華民國法律應不動產經紀人考試或參加營業員訓練。

前項領有及格證書或訓練合格並依第十三條第二項登錄及領有證明之外國人，應經中央主管機關許可，並遵守中華民國一切法令，始得受僱於經紀業為經紀人員。

外國人經許可在中華民國充任經紀人員者，其有關業務上所為之文件、圖說，應以中華民國文字為之。

第 38-1 條　依本條例規定核發不動產經紀人證書，得收取費用；其費額，由中央主管機關定之。

第 39 條　本條例施行細則，由中央主管機關定之。

第 40 條　　本條例自公布日施行。但中華民國一百年十二月
　　　　　　三十日修正公布之第二十四條之一、第二十四條之
　　　　　　二及第二十九條第一項第二款、一百零九年十二月
　　　　　　三十日修正之條文施行日期，由行政院定之。

參考文獻

1. 經理人月刊，2010.06。

2. 銷售寶典（1998），阮如舫、蘇錦泉，田園城市文化事業。

3. 房地產仲介銷售祕訣（1999），林宜桐，寶川出版社。

4. 業務九把刀（2011），林哲安，創見文化。

5. 行銷學原理（2010），曾光華、饒怡雲，前程出版社。

6. 臺灣房地產仲介入門（1999），林川鼎，廣廈出版社。

7. 圖解行銷（2007），沈泰全、朱士英，早安財經文化。

8. 房地產行銷（2005），阮如舫，五南出版社。

9. 房屋仲介入門（1995），王亮言，廣廈出版社。

10. 房地產理論與實務，五南出版社。

11. 行銷新十論（1991），史丹·瑞普（Stan Rapp）、湯姆·柯林斯（Tom Collins），時報文化。

12. 房地產投資與市場分析理論與實務，張金鶚，華泰出版社。

國家圖書館出版品預行編目(CIP)資料

超強房地產行銷術／陳世雷，吳家德
著. -- 六版. -- 臺北市：書泉出版
社,2023.05
面； 公分
ISBN 978-986-451-311-6（平裝）

1.CST: 不動產業　2.CST: 銷售

554.89　　　　　　　112004376

3M59

超強房地產行銷術

作　　者 ― 陳世雷、吳家德

發 行 人 ― 楊榮川

總 經 理 ― 楊士清

總 編 輯 ― 楊秀麗

主　　編 ― 侯家嵐

責任編輯 ― 吳瑀芳

文字校對 ― 張淑端

封面設計 ― 王麗娟、陳亭瑋

出 版 者 ― 書泉出版社

地　　址：106臺北市大安區和平東路二段339號4樓

電　　話：(02)2705-5066　傳　真：(02)2706-6100

網　　址：https://www.wunan.com.tw

電子郵件：shuchuan@shuchuan.com.tw

劃撥帳號：01303853

戶　　名：書泉出版社

總 經 銷：貿騰發賣股份有限公司

電　　話：(02)8227-5988　傳　真：(02)8227-5989

網　　址：http://www.namode.com

法律顧問：林勝安律師

出版日期：2012年5月初版一刷
　　　　　2013年4月二版一刷
　　　　　2014年9月三版一刷
　　　　　2019年5月四版一刷
　　　　　2020年9月五版一刷
　　　　　2023年5月六版一刷

定　　價：新臺幣390元

經典永恆・名著常在

五十週年的獻禮——經典名著文庫

五南，五十年了，半個世紀，人生旅程的一大半，走過來了。

思索著，邁向百年的未來歷程，能為知識界、文化學術界作些什麼？

在速食文化的生態下，有什麼值得讓人雋永品味的？

歷代經典・當今名著，經過時間的洗禮，千錘百鍊，流傳至今，光芒耀人；

不僅使我們能領悟前人的智慧，同時也增深加廣我們思考的深度與視野。

我們決心投入巨資，有計畫的系統梳選，成立「經典名著文庫」，

希望收入古今中外思想性的、充滿睿智與獨見的經典、名著。

這是一項理想性的、永續性的巨大出版工程。

不在意讀者的眾寡，只考慮它的學術價值，力求完整展現先哲思想的軌跡；

為知識界開啟一片智慧之窗，營造一座百花綻放的世界文明公園，

任君遨遊、取菁吸蜜、嘉惠學子！